◀ 国际汉语教师培养与发展系列 ▶

轻松教中文

美国汉语教学实用指导手册

任国平　著

外语教学与研究出版社
北京

图书在版编目 (CIP) 数据

轻松教中文：美国汉语教学实用指导手册 ／ 任国平著． —— 北京：外语教学与研究
出版社，2017.9
　（国际汉语教师培养与发展系列）
　ISBN 978-7-5135-9474-5

　Ⅰ．①轻…　Ⅱ．①任…　Ⅲ．①汉语 - 对外汉语教学 - 教学参考资料　Ⅳ．①H195.4

　中国版本图书馆 CIP 数据核字 (2017) 第 237116 号

出 版 人　蔡剑峰
项目策划　李彩霞
责任编辑　李彩霞
执行编辑　杨　益　崔　超
装帧设计　姚　军
出版发行　外语教学与研究出版社
社　　址　北京市西三环北路 19 号（100089）
网　　址　http://www.fltrp.com
印　　刷　三河市北燕印装有限公司
开　　本　787×1092　1/16
印　　张　18
版　　次　2017 年 10 月第 1 版 2017 年 10 月第 1 次印刷
书　　号　ISBN 978-7-5135-9474-5
定　　价　52.00 元

购书咨询：（010）88819926　电子邮箱：club@fltrp.com
外研书店：https://waiyants.tmall.com
凡印刷、装订质量问题，请联系我社印制部
联系电话：（010）61207896　电子邮箱：zhijian@fltrp.com
凡侵权、盗版书籍线索，请联系我社法律事务部
举报电话：（010）88817519　电子邮箱：banquan@fltrp.com
法律顾问：立方律师事务所　刘旭东律师
　　　　　中咨律师事务所　殷　斌律师
物料号：294740001

前 言

　　对于美国学生来说，汉语作为外语的学习有三个难点。第一，学生必须熟记两千多个常用汉字，这些汉字以多种方式构成成千上万的词；第二，对于只要用二十六个字母就能拼写出所有单词的美国学生来说，由笔画构成、结构奇特的汉字能够记住几个就已经是巨大的困难了，更不用说要记住两千多个字了；第三，要正确说出一个汉字既需要正确的声韵拼合，还需要正确的声调，每个字的声韵拼合和声调又很难从抽象的字形中悟出，可是母语为英语的学生习惯了看词发音、听音写字，在学习汉语时，汉字的字形和读音却几乎无法提供说和写的准确线索，看到汉字却不能读出字音，听到发音也不能写出汉字。上述这些都给美国学生学习汉语造成了莫大障碍。

　　虽然汉语作为外语的学习有以上三个难点，但这些难点并不能减弱学生学习汉语的热情。美国教育最讲究的是 WIIFM（What Is It For Me? 我能够从中获得什么？）的哲学。随着近年来中国的综合国力不断提升，美国社会对中国的重视与日俱增。多年来，美国人一直忽视并远离贫弱的中国。突然有一天，他们发现一个巨人立在他们的面前，心中为之一惊。他们想接近中国、了解和分析中国，因此，汉语课程在美国越来越受到公立学校的欢迎。美国人似乎生来就有一种对困难的挑战精神。因为汉语难学，那些汉语班的学生才为自己敢于学习汉语而感到骄傲。

　　二十多年的汉语教学经验告诉我，汉语自身的美感也是吸引学生学习汉语的一个原因。如果我们从不同的角度审视汉语，上面的三个难点便可以转化成学生学习汉语的兴趣点，直接提高学生学习汉语的积极性。汉语词语的构成方式能激发学生的想象力；奇异的

1

汉字充满艺术吸引力；汉语的四声洋溢着话语的韵律和节奏感。要想促成这种由难点到兴趣点的转化，关键在于我们教学者如何去认知和发掘汉语神奇的特质，使教汉语、学汉语由枯燥乏味变成其乐无穷。这也是我在本书里探讨的内容。

我们平时用母语说话，表达意思毫无困难，是因为母语早就烙在我们的脑子里。因此，人们误以为掌握一门外语就是记住它，让语言烙在脑子里，应用的时候能想起来。所以，很多人提倡死记硬背。然而每个人都知道，死记硬背不等于有效学习。如果我问一个学生，五天前他／她晚饭吃了什么，这个学生很难给出正确的回答，那是因为那顿晚饭和其他的晚饭太相像了，记不起来了。但是如果我问他／她，几个月前他／她的生日那天，妈妈送他／她什么礼物，他／她就一定能告诉我，因为生日礼物太特殊了，他／她对礼物的印象太深了，因此不容易忘记。汉语教学也是一样，千篇一律的死板的教学不会对语言的习得产生很好的效果。相反，特殊形式的教学则会调动学生的积极性，加强对大脑的刺激，不仅帮助学生记忆，还使学习充满乐趣。那么，什么是特殊形式的教学呢？特殊形式的教学要求教师设计出各种练习、活动和游戏让学生活学活用。教师在课堂里的任务不仅仅是讲课，也不是简单地解释课文、给出正确的答案，而是让学生在行动中学习。美国的课堂大多以学生为中心，各种外语教学法也是按照以学生为中心的模式展开的。本书将系统介绍这些以学生为中心的教学法：项目教学法、合作学习、区别教学以及主动学习。另外，在多年的教学生涯中，我试着为汉语班的学生设计汉语练习、游戏和作业，不是因为汉语教材匮乏，也不是因为现有的教科书缺少练习，而是因为这些教科书很少提供美国式的学生自主的活动、游戏和练习。我将在本书中将我设计的广受欢迎的练习、游戏和课堂活动等介绍给读者，这些练习、游戏和课堂活动都非常具有挑战性和互动性。读者也可以根据学生的年龄等因素，从我提供的这些内容中发展创造出更具有针对性的游戏和活动。一般来说，多数动手游戏适合低年级的学生，具有较强挑战性、学术性的游戏则适合高年级的学生。如果老师们能将这些活动灵活运用到教学中去，本书也就完成了它的使命。

最后，谨以此书纪念我已故的、敬爱的宁波一中徐克军老师。另外，我还要感激我的太太和女儿，是她们一直支持我、鼓励我，使我最终完成了本书的写作。我还要感谢美国国际教育理事会（ACTR/ACCELS）关键语言教师项目主任本杰明·邓巴（Benjamin Dunbar）先生为本书做出的贡献：他以极其认真的态度审阅了本书前十章的内容，提出了宝贵的意见，并为本书写了序言。

任国平

于休斯顿家中

序 言

　　三十年来，美国国际教育理事会一直致力于支持创新项目来促进我们所从事的国际教育事业。从 2006 年起，我们开始创办关键语言教师项目。这个项目从中国和埃及引进汉语和阿拉伯语教师。他们来到美国，在 K-12（幼儿园到十二年级）的公立学校里教语言和文化来帮助美国学生发展重要的外语技能。

　　今天的国际社会急需具备多种语言技能的人才。世界上有超过十三亿人在说汉语，今天的中国国内生产总值（GDP）排在世界第二位。可是直到 2006 年，美国五千五百万的学生中，只有不到百分之一的学生有机会学习汉语。这本书为美国的下一代学习汉语提供了内容和方法。它不仅能激发美国学生学习汉语的热情，也能引起他们对博大精深、历史悠久的中国文化的兴趣。

　　这本汉语教学指导手册为汉语作为外语的教学提供了宝贵的课堂教学资源。美国的课堂教学比其他国家更加注重以学生为中心、以活动为教学手段的个体化教学，这本书为读者在这样的美式教学环境中的教学提供了内容和方法。因此，我们为参加关键语言教师项目的教师推荐这本书，我们相信对汉语教师来说，这是一本十分有用的教学参考。

本杰明·邓巴（Benjamin Dunbar），
美国国际教育理事会关键语言教师项目主任

目 录

课堂管理、课程教案
和文化教学篇

　　在美国，教师也算是一个高危职业。要想在美国的中小学成为一名合格的教师，首先要懂美国的学生。美国的老师不能期盼学生来服从权威，学生们会随时向老师挑战。美国的学生比较自由散漫，在椅子上坐累了就躺在地上听课。从来没有听说过老师去学生家里家访，也没有听说过学生给老师送礼。中国人很难理解美国的家庭文化。美国的家长们十分注重孩子的独立人格和个人能力的发展，教导孩子学会质疑、敢于挑战，培养孩子的独立见解和分析问题的能力，以至于孩子到了十八岁时已经有能力自食其力，成为一个独立的人。所以，学生到了上大学的年龄，绝大多数都会离开父母，自己打工、贷款交学费，开始独立的人生。美国的家长对学校和老师的要求是：我们纳税人付了钱，而你们学校的管理人员和老师都是教育专家，所以我们孩子从上校车离开家的那一刻到下校车回到家为止都属于你们的责任范围，因此对于学生的行为，你们学校和老师应该负全责。应聘美国学校的老师，在面试时，一定会被校长问到关于如何管理课堂、管理学生行为的问题。在校老师每年一定要进修学分以更新教师资格证，而在这些进修课程中，课堂管理是很重要的一部分。由于学生对权威的挑战，以及家长对孩子独立人格的期望，在任何一门课中，学生都会出现各种各样的纪律问题，如上课说话、恶作剧、追逐打闹等。老师的教学效果很大程度上取决于老师对学生的各种纪律问题的处理，因此要想在美国成为一名合格的教师，就必须学好管理课堂的第一课。另外，美国学校对教师授课内容的准备也有很具体的要求，包括教师怎样准备课程、怎样写教案等。本书的第一部分介绍了一名合格的教师在课堂管理和课程设计中会注意到的基本要点。另外，还从中美文化差异的角度出发，阐述了一些中国文化教学的事项。

第一章
课堂管理

    作为美国中小学的汉语教师，首先必须了解美国学生。通常美国青少年在课堂上纪律比较散漫，有些学生为自己的自控能力较差而苦恼，有些则因对种族歧视、性取向偏差、青少年怀孕等日常生活问题束手无策而沮丧。这些问题可能是刚入职美国学校的汉语教师从未面临过的。事实上，许多美国学生来自单亲家庭。和其他国家相比，美国的单亲家庭的确更多。因此对教师而言，了解学生以及学生的家庭背景很大程度上决定了教师教学的成败。有些中国教师总认为，如果具备了一定的专业知识，上好课应该不在话下。但事实证明，这样的想法使许多在美国中小学教书的职业汉语教师深感挫败。缺乏有效的课堂管理训练会使教师举步维艰，缺乏有效的课堂管理技巧，课堂会变得混乱无序。一个成功的教师应该深谙组织教学和课堂管理，建立和维护良好的课堂秩序，营造理想的学习环境。教师是否具备这些能力也是美国学校招聘教师的标准之一。另外，课堂管理能力也是美国学校评价教师的标准。如果一个教师课堂管理得心应手，从未让校方有关人员出面干预，那么该教师的课堂管理水平就能得到校方较高的评价。

    许多汉语教师都在中国教过书，有中国学校课堂管理的教学经验，但是他们所拥有的课堂管理技巧是针对中国学生的，这与美国学校的课堂管理有很大的不同。为使新任教师尽快熟悉美国中小学的课堂教学，这里就中美两国课堂管理的差异比较如下，供教师参考：

表 1-1 中美两国课堂管理的差异

比较目录	中国课堂	美国课堂
课堂氛围	群体文化 学生干部参与课堂管理。	个体文化 学生不参与课堂管理。
规章制度	学校已建立规章制度，但并不详细。 许多学校没有《教师手册》和《学生手册》。	所有学校都已建立规章制度，并且非常详细。 《教师手册》和《学生手册》对不良行为及其后果有详细说明。
学习环境	积极的学习环境，即使课堂无趣，许多学生仍然乐于学习。	需要建立积极的课堂环境。如果课堂无趣，部分学生便不愿意学习。
教师威信	威信已建立，教师即权威。	教师需要逐步建立威信。
教师评论	消极的评论，如："你可以做得更好。"	积极的评论，如："你做得很棒！"
教学方法	统一的教学方法。教师的教学更多地针对全体学生，较少关注个体。	不同的教学方法。教师必须关注不同层次、不同学习习惯的学生以及个别学困生。
学校行政支持	管理好课堂是教师的职责，学校管理人员会给予部分支持。	处理不良行为是管理人员的职责之一，教师可向校方寻求帮助。
学生家长支持	大部分家长非常重视教育，对学生来说，来自家长的压力比来自学校的压力更大。	很多家长认为教育是学校和教师的职责，对学生来说，来自教师的压力比来自家长的压力更大。

一、如何运用教师语言

美国中小学课堂提倡教师用正面的语言应对学生的不良行为。例如，一个患有

3

多动症的学生向同学扔纸球，教师会用以下话语与他／她交谈：

- 我知道你很聪明，你肯定知道你错在什么地方。
- 这不是你想要做的，对吗？
- 我不相信你做了这些。
- 你今天感到不舒服吗？告诉我你为什么要这么做。
- 你不可能这样做，你怎么了？

以上教师话语对学生既有肯定又有责备，表明教师希望学生亲口说出他／她自己这样做的原因并竭力让学生认识到自己的错误行为。如何运用语言规范学生的行为，新任汉语教师可以向经验丰富的教师咨询求教。

二、如何看待教师权威

如果一个教师在课堂上享有权威，那么该课堂就是一个理想的学习环境。有些教师课堂管理过分宽松，把自己当成学生的朋友和伙伴，这样做会使学生过分松懈，使教师失去权威。但教师权威也并非意味着教师要对学生横眉竖目、过分严厉，教师在上课时必须对学生友好相待，这点对教师来说非常重要。但是，在课堂上教师要有权威，学生不能越过底线，老师就是老师，学生就是学生。如果师生友谊妨碍了教学，那么教师和学生都越过了底线，其他学生则会认为教师偏袒该学生，这样便破坏了良好的师生关系。

三、如何准备课前计划

课堂是否井然有序是教师素质的评价标准之一。如何同时做到课堂氛围活跃和学生活动有序，这就需要教师在每周及每天的教学准备中，就课程内容制定明确的目标，就教学的相关方面做出课前计划。下表就如何准备课前计划提出一些建议，供新任汉语教师参考：

表 1-2　对教师准备课前计划的建议

教师课前计划	建议
课程计划	参考每周、每天课程计划制定。

（续表）

教师课前计划	建议
总体目标	明确告知学生一定时间段内所应达到的总体目标，以及教师对学生学习的评价标准。
活动目标	明确提出每节课、每次课堂活动的目标，这样学生就不会无所适从。每一个活动项目应有一个或多个目标，供学生在活动过程中随时对照目标，调整任务。拟定成果记录对学生会很有帮助。
时间限制	明确告知学生时间限制，防止学生浪费时间。
活动的趣味性	活动应该是动态的、有趣的，要适合该年龄段学生，还要具有挑战性，这样才能吸引所有学生。活动太简单，学生会感到无聊；活动太难，学生则会因无法完成而感到挫败。
纪律保证	规范学生行为，维持课堂纪律途径很多，建议新任汉语教师读几本关于美国课堂管理的专业书。当然，对学生充满爱心，上课富有逻辑更是课堂管理的精髓。

四、如何应对行为偏差

新任汉语教师首先应该知道当今的美国课堂教学面临一些新的问题。《教师手册》对教师责任的陈述比以往更多，而教学资源却在逐年减少。特别是近几年，学校的学困生和母语为非英语的学生越来越多。一些学生受到家庭和社会的不良影响，行为越来越难以管束，学校对教师课堂管理的要求也越来越高。另一方面，特殊教育学生又给普通教育带来更大的压力。所谓的"混合班"上课方式，就是将特殊教育班学生编入普通班。这些有特殊需要的学生给教师的课堂管理带来更大的挑战，以致很多教师经常感到对学生出现的新问题不知所措，对管理课堂感到筋疲力尽，这种情形对新任汉语教师来说可能会更加严重。下表就常见的课堂行为偏差提出一些解决方法和建议，供新任汉语教师参考：

表 1-3 常见课堂行为偏差及解决方法和建议

常见课堂行为偏差	解决方法和建议
忘带学习用具	这是课堂常见问题。解决方法就是在教室门口贴一个备忘条，提醒学生带上所需的学习用具，反复提醒学生或者联系学生家长。
学习用具杂乱无章	处理此类问题的方法是让学生在无意识中学会有序、有条理地整理自己的东西。比如，要求学生保存三天活页题单，如果做到，给学生加分奖励或者象征性的奖励。
上课迟到	部分学生课间总在过道闲逛，上课总是迟到。解决方法是在出勤记录上记下学生迟到的次数，累计达到一定数量就汇报给校方或告知学生家长。
带食物、饮料进教室	一般来说，学校有针对此项的规定，带食物、饮料进教室是不被允许的。老师需先了解规定再定规则。
带其他与上课无关的东西进教室	学生上课玩小玩意儿之类的东西常常会发出声响，影响课堂纪律。应该没收这些东西并上交学校办公室。
违反着装规定	这是学校课堂上的突出问题，尤其在夏天，这个问题更为严重。建议老师了解学校着装的规定，然后再判定学生是否违反规定。
喧闹嬉戏	及时阻止。
未完成或未交作业	通过电子邮件或者电话联系家长。
推倒椅子	对学生应该先口头警告然后再惩罚。
敲打课桌	这也是课堂常见问题。老师可以给学生布置动手做的作业，如果再犯，应给予警告。
嚼口香糖	嚼口香糖并不直接干扰课堂，一些老师允许学生在课堂上嚼口香糖，老师可以依据学校规章制度提出自己的要求。
发出声响	立即阻止并给予警告。

（续表）

常见课堂行为偏差	解决方法和建议
传递纸条	这类行为可能会给课堂教学造成恶劣后果，应立即制止，没收纸条并记下学生名字上报学校，也可联系学生家长。
不听课	向学生发出警告，检查学生对课程内容和课题项目的掌握程度。
上课睡觉	首先找学生谈话，询问原因。如果学生对上课感到厌倦，老师应考虑调整课程安排；如果有其他原因，需联系学生家长或校方来处理该问题。
上课讲话	立即制止并给予警告。如有必要，将说话学生的座位分开。
课堂上做鬼脸	该类学生渴望引起大家的关注，因此，处理这类问题有两种方法：第一，告诉学生，这样做会扰乱课堂，并且有意识地关注该类学生；第二，让这些学生做一些可以引起其他人注意的事情。如果上述两种方法无效，学生依然如故，则应该告知校方或学生家长。
取笑同学	老师必须立即阻止这类行为，因为取笑他人可能会导致欺负弱小。
顶嘴	顶嘴是一个态度问题，老师应立即制止学生顶嘴。但老师对此事应谨慎一些，有时学生只是想解释原因，但因措辞不当而引起误解。
争辩	争辩几乎等同于顶嘴，这同样是态度问题，应立即纠正。但真诚礼貌的"学术争论"值得提倡。
浪费时间	浪费课堂时间会严重影响学生的成绩。遇到此类学生，老师可向学生家长寻求帮助。
不停抱怨	一些学生经常对周围环境持消极的态度，老师应立即纠正。
未经允许缺席或离开	这个问题很严重。上课时老师应该照看学生，如学生缺席，老师有责任尽快报告校方，然后再教育该学生。

（续表）

常见课堂行为偏差	解决方法和建议
考试作弊	在考试中作弊无疑是违反了学校的规章制度。老师应给学生的成绩记零分并向校方管理人员报告。
接话	有些学生耍小聪明，经常大声说出答案或接老师的话吸引别人注意，有时这会惹恼老师。一般来说，课堂上不提倡这类扰乱课堂的行为，老师应立即制止，并给予口头警告，如果再犯，可单独教育该学生。
随地吐痰	这类行为在美国课堂很少见，偶尔会有个别学生这么做。遇到这种情况，老师应该立即制止并让学生清理干净，如果有必要，应对学生进行教育。
面露不悦	学生面露不悦会影响课堂气氛，也是一个让老师头疼的问题。老师应利用面部表情的变化、声音的抑扬顿挫吸引学生的注意力。同时，立即干预该行为并给予警告，也可和学生进行简单的交流。
勃然大怒	此类行为非常危险，该类学生可能遇到了难以对付的事情，心中不快，想要找个渠道发泄。遇到此类事件，老师应及时找该学生谈话。如果已造成后果，立即告知校方管理人员。
污言秽语	说脏话是最糟糕的语言习惯，所有学校都禁止学生说脏话。针对此事，应报告校方、教育学生，并告诉学生家长孩子的不良语言习惯。
撒谎	这种情况偶尔发生。有些谎言不带恶意，比如说"我把作业忘在家里了"，或者"有人把我的作业偷了"，等等。对于习惯性撒谎的学生，老师应该给学生家长打电话或者家长、老师和学校管理人员一起讨论对策。

（续表）

常见课堂行为偏差	解决方法和建议
偷窃行为	偷窃行为严重违反了学校的规章制度，对此，许多学校有严格的规定和处理方法。遇到此类事件，老师应报告给学校管理人员，召集家长和其他老师开会，决定是否开除学生。
欺负弱小	许多书籍和电视节目都涉及此类问题。欺负弱小包含许多行为，比如大孩子恐吓弱小孩子等。一旦老师发现这种情况，应该马上制止并报告校方。
侵犯他人	侵犯他人甚至比欺负弱小更加严重。如发现侵犯他人行为，老师需要立即制止，并将该学生带到学校办公室接受处理。
袭击老师	该类行为极为少见，系违法行为。袭击老师的学生应该被送到警察局。

学校处理学生行为偏差的方式基本相同，但是许多学校都有自己的管理程序。大部分问题都由教师处理。那么，教师该做些什么呢?

- 利用休息时间和学生交谈
- 让学生暂时待在教室外
- 给学生予以口头警告
- 给学生予以书面警告
- 让学生书面道歉
- 惩罚学生课后留校
- 惩罚学生上周末学习班
- 和学生拟定行为表现条约
- 打电话、写信或发邮件通知学生家长
- 给学校办公室发电子邮件或写书面报告
- 参照其他教师的做法
- 参考其他教育手段

教师还需了解学生的特殊教育，关注特殊教育部门的教育方式，如对患先天性癫痫病的学生或者其他有特殊要求的学生的教育方式。此类学生包括过度活跃的学生、多动症学生以及学困生，这些学生需要特别的关注和教育。教师对学生的其他性格缺陷如过度依赖、粗鲁、腼腆或者性格孤僻等也应该给予特别关注。此外，教师还会面对一些自卑、有听觉缺陷、动机不明的学生，这些学生也可能产生行为偏差，引起课堂问题，需要专家和教师的共同帮助。

五、如何强化良好行为

根据经验，惩罚只是一种消极的处理行为偏差的方式，教师应该采用积极的处理方式，以使良好行为逐步得到强化。建议教师多和学生相处。例如，任教第一年，如果教师能尽快记住学生的名字并且尝试了解学生，那么与学生的距离就会更近一步。如果发现学生行为的闪光点，点名表扬，这就强化了良好行为。

六、如何预防不良行为

教师应该仔细观察学生的行为，经常思考行为偏差的原因，以寻求对策防止不良行为的发生。一旦教师了解了学生的行为类型，就可以找到规范行为的有效办法，改进不良行为或消极行为，并防止这种情况再次发生。如果发现某个学生有不良行为倾向，教师可以分派给该学生一个任务以作警示，以此防止不良行为的发生。教师也可以有意识地来到学生身边，这样学生就会马上明白教师的用意，纠正自己的行为。另外，教师应该清楚课堂的"动荡地带"，随时监控这些"动荡地带"学生的行为，还可以给"动荡地带"的学生调换座位以预防不良行为的发生。教师应预先告诉学生不良行为的后果，让学生在做事之前"三思而后行"，多考虑做事的后果，最后让学生告诉教师自己的问题何在。

当然，课间休息时间越少，不良行为的发生率便会越低。另外，教师应牢记，要经常和学生家长交流，并求助于校方管理人员。

七、如何进行课堂指导

简单明确的指导可以减少学生的困惑不安。在课堂管理方面，这句话十分经典，几乎成了教师的座右铭。困惑不安会引发课堂哄闹，从而给行为不良学生以可乘之机。对特殊学生，教师应该了解其病史记录，适当调整学习计划，家庭作业也需符合学生的实际情况，把作业任务分成若干更易理解的子任务。

八、如何优化课堂环境

许多优秀的教育者质疑严明的课堂纪律是否必要，这是因为他们没有"身在其中"。有经验的教师能保持课堂生动有趣，使学生没有时间和精力违反纪律；优秀的教师则会让自己的课堂内容丰富、充满乐趣，使学生爱上学习，全情投入。为做到这点，下面的方法和策略供教师参考：

- 基于项目的学习
- 丰富的课堂活动
- 竞赛活动
- 游戏活动（谜语、小游戏、唱歌、短剧表演、"动手做"活动、对话等）
- 专家项目（指某些学生擅长的项目）
- 团体教学和合作学习
- 基于电脑的学习
- 全身反应法
- 艺术人物设计
- 数码录音

九、经验法则：公正、冷静、理性

学校的规章制度要求教师对所有学生一视同仁，因此，教师虽然很难做到绝对公正，但也应尽量做到。不要太计较学生的言论，因为在中小学这个年龄段的学生可能今天恨老师，明天就很爱他／她了，对所有教师都一样，学生的喜怒和爱恨说变就变。教师应清楚自己是在纠正学生行为，而不是改变学生。纠正学生行为的时候，无论发生什么，教师应始终保持冷静，这是重中之重。教师如果冷静从容、通情达理，学生也会冷静下来，听从教师的教诲。教师应避免大喊大叫、推搡或者威胁学生。如果教师带着怒气管教学生，他／她的判断就可能是错误的。理性管教非常重要，事后补救效果不佳。此外，教师不能以扣除学生分数的方法去惩罚学生，除非学生因缺课或其他原因而影响了自己的成绩，因为学校规章制度明确指出，学生应该为自己的不良行为导致的未掌握学习内容等后果负责。记住，学生的成绩反映了学生的学习效果，教师不能将学习成绩建立在行为表现上，每个学生都应该受到尊重。

十、牢记以下几点

- 仔细阅读《教师手册》和《学生手册》
- 建立《学生行为表现日志》
- 及时纠正不良行为
- 对学生言语做出回应
- 严明纪律，对学生一视同仁
- 向学校管理人员寻求帮助

第二章
教学设计

按美国式的教学方法教中文，教师需要了解美式外语教学。当汉语教师在美国中小学谋得一份工作时，首先得到的就是一本小册子，上面附有详细的学区、学校的规章制度，其中还包括本州外语课程大纲。美国各州外语教学大致相同，但并非完全一致。国家课程标准一般是对所有的外语教学而言，但对汉语教学来说却不尽如人意，因为汉语与其他语言截然不同。尽管如此，汉语教师仍需深刻领会和熟练掌握课程大纲，并和其他语言教师密切合作。（未见过该课程大纲的教师可以求助于本地学区。如果你碰巧是学区首位汉语教师，那么就很可能承担该学区汉语教学的课题。当然，这是题外之话，在此不做深入讨论。）

教学设计的撰写与教学的成败直接相关。按照美国的教育体制，教学设计的准备需要某些技巧，校方也会以此判定一个教师的业务能力和专业水平，因此学校很可能对教师的教学设计有一定的要求。教学设计不只是针对具体一节课，它也是一个教学档案、教师个人和班级示范材料。教学环节中的微观设计，展示了教师的教学风采，成为教师教学水平的一个缩影。美国教学管理效仿商界的模式，组织有序、井井有条。有序的教学设计可以证明教师的能力。因此，作为一个渴望成功的教师，学会撰写高质量的教学计划尤为重要。

一、教学设计简介

教学设计，顾名思义，是教师日常教学工作的指南。它包括教学课题和教学目标、单元教学内容、话题范围、课时分配、教学环节设计说明、预设的教学活动方案及学习小组的划分等。有的教学设计还包括课程教学怎样体现本州课程标准、教学资源、所需资料和技术、学情预测与教学结果评估等内容。

二、优秀教学设计的标准

1. 教学设计应符合本州或任教学校的课程标准。如果没有标准参照，教师可以选择所在学区的课程标准。在教学设计里引用课程标准会帮助教师更好地完成教学目标。教学设计一旦完成，它的价值和必要性就得以实现。

2. 教学设计应明确清晰且有具体的目标。教学目标是教学活动预期达到的结果，即打算让学生从教学活动中学到什么。目标的设定应该具体且能够直接评估。另外，目标不必定得太多，通常每个课时一个目标。

3. 从课本内容着手撰写具体的课程计划，但大部分汉语教材并未涉及课程计划，因此，教师需自己确定各章节的具体课程计划。例如，对于一个有二十个汉字和一段对话的单元，教师先预测学生的接受能力及所需时间。根据预测，该单元内容约需一周课时完成，可分段进行学习。

4. 告知学生本课时目标，这意味着学生需要预先了解本单元的内容，从而能够成功地完成课题目标。如果一个单元教学计划中的一课时，学生先前已经了解并掌握了课题内容，那么该课时的教学就可以取消。如果这是一个独立的教学计划，则有必要预先告知学生。

5. 设计教学过程是学生习得知识的重要环节。设计课堂教学的整体思路、教学环节和教学活动，一般包括课堂活动、游戏练习和教学手段。教师务必列出所需的教学辅助材料。如今，许多教学活动都使用现代化教学手段，如有需要教师应告知学生准备优盘、纸张和铅笔等。

6. 合理安排教学时间，特别是在课堂上开展游戏活动，新教师应尽可能地准确估算所需时间。通常教师应考虑预留一些缓冲时间。

7. 设计评估方式以检查学生的学习进展情况。目标和评估两者互为关联、相得益彰，评估应该有信度，结果应该一目了然。

8. 完美的教学设计还应该包括针对学生个体差异所采用的特殊方法，包括学习能力强的学生和有学习障碍的学生。

对新教师来说，撰写教学设计并非难事。在很多网站上可查阅到教学设计格式和所需信息，教师可以多方参考，然后结合自己的实际情况撰写教学设计。

三、典型的美国教学设计模板

下表是典型的美国教学设计模板。为了有更强的针对性，汉语教师可对此进行适当调整，根据需要做一些补充和删减。

表 2-1　美国教学设计模板

教学设计标题	给教学设计取一个好标题。
教学设计者	注明教学设计者，这样校方和其他教师可确认教学设计出处。
教学年级	注明教学年级，以便以后查询。
课时安排	即本课题所需的课堂时间。
教材内容分析	对教材内容进行简短的描述。
教学环境和人员分配	教室布置 班级分组 小组人员 人员搭配
教学主题	重点陈述
本州课标要求	通常每个学区都有汉语课程以及详细的课程目标。为了对学生明确地提出要求，教师需要研读该标准。
教学目标	进行教学设计之前，教师应对教学目标了如指掌。 教学目标应包括： 1. 教学设计实施结果 2. 学生学到的知识 3. 学生获得的技能
学生知识储备	注明学生在学习本课题之前原有的知识水平和基础。
问卷调查	课程实施以前，对学生对本课内容的了解程度做问卷调查。

（续表）

课程准备	罗列出所需的教学素材、现有资源和教学媒体的使用情况。
教师要求	1. 完成教学任务所需知识 2. 完成教学任务所需技能
教学策略	列出有效的教学策略，例如：动手动脑、言论、想法、标准、信息、模拟游戏、课堂活动、小组活动、团队学习、问题索解、对照、总结、贴标签、分类、对比、应用、讲座、电影、录音带、视频、图片、电脑制作等。
实践活动	列出学生课堂动手实践活动。
教学过程	**介绍课程：**首先教师展示新课程和旧课程之间的联系、本篇课文与实际生活的联系、课题的重要性，以及所要训练的学习策略。 **引入教学内容：**可采用 PowerPoint 幻灯片展示或口头提问，以此引入课程内容，激发学习动机，发展学生思维。 **教学方法和课堂活动：**列出课堂上拟采用的多种教学方法和课堂活动。 **反馈与总结：**收集并整理学生的反馈信息，对本课时的教学进行总结，并安排下一步教学。
教学效果评价	列出每个教学步骤的教学效果，确保学生对所教内容已完全掌握，以便顺利实施下一阶段的学习。如果学生的掌握情况不尽如人意，教师可先巩固所教内容。对此，课堂提问非常有效，教师可设疑提问，包括对课程内容和所学知识的理解、应用、分析、综合和评价。通过学生的回答，评定合格学生和需要个别辅导的学生。
课后学习活动	一旦学生掌握了课程内容和技能的基本运用，教师便可以给学生布置分层的课后学习活动，以巩固所学知识和技能并对课程内容进行扩展和补充，比如布置家庭作业、强化练习以及课后辅导练习、个人或小组活动等等。

（续表）

教学计划调整	针对有学习障碍的学生，教学内容、教学方法、教学活动和教学设备应做适当调整。
学习评价	教师正式或非正式地进行学生阶段评价。正式的学生阶段评价包括考试成绩、项目作业等；非正式评价可以是随堂评估、课堂讨论或课堂参与情况评价。教师对评估程序、成绩标准和成绩评定应予以说明。
教学反思及评价	教师对教学优劣的反思 学生对教学方法的反馈 学生的作业及教学反映 学生对本课的总体评价
学生作品展示	包括学生的学习作品、项目报告、图表作业、幻灯片演示、资料库建立等。

第三章
单元教案

就美国中小学的课堂教学而言，和单课的教案一样，单元教案的撰写也有一个标准参照模式。但与单课的教案相比，单元教案包含了一些特别的内容，如多个课时的详细教学计划等。我建议教师在拟定单元教案时参考一些单元教案的标准模式。

一、单元教学目标

单元教学目标即学生完成本单元课题后应达到的目标。与单课教案相比，单元教案涉及的学习内容更多，采用的教学方法也更多，尤其是在这个数字化的时代，因此，单元教案的教学目标也更多。例如，单课教案的教学目标是让学生学会做一件事、掌握一种技能，而单元教案的教学目标则必须涵盖更多方面，如识字、了解该语境下的文化因素、掌握课题的相关知识以及获得相应的技能等。

二、单元教学过程

单元教学过程是教师为使学生达到学习目标而进行各种教学活动的过程。在活动的实施过程中，教师应该充分考虑学生的智能水平和学习风格的多元性。一般来说，学生的各项智能发展表现出不同的优势或优势组合，如语言/言语智能、逻辑数理智能、音乐节奏智能、身体运动智能、视觉空间智能、人际沟通智能、自我认知智能等。教师应充分考虑到不同智能倾向的学生，设计出能够体现或发挥学生智能强项的活动。教师应及时给学生提供各种机会，让其发挥优势智能，应用所学知识进行实践并反馈信息。

三、教学评定

教学评定是指检查学生对所学材料的掌握情况。教师可采用课堂提问、课题报告、小测验、考试、学生档案袋等方式评估学生的学习效果。在数字化时代，建立学生电子档案和利用 PowerPoint 幻灯片做课题，评定效果更为显著。

四、单元教案示例

下面以《我的家人》一课为例来说明单元教案的内容。

课题：我的家人

年级和班级：七年级中文班

课题目标：

- 复习动词"是""有""爱"
- 学会 20 个关于家庭的中文词
- 学会 10 个中文句子
- 学会形容词谓语句、动词谓语句、简单句的疑问形式
- 了解中国家庭
- 学会用汉语询问年龄
- 学会用汉语介绍家庭成员的年龄
- 学会用简单的汉语和笔友交流家庭情况
- 利用电脑等辅助视听设备，用汉语介绍家庭情况
- 制作包括 20 个词语的插图字典

课题时间：2周（10课时）

教学准备：

抄写纸、笔记本、宾果板和宾果卡（这两个材料都是在做宾果游戏时使用，见第十四章）、字谜游戏、词语讲义、课文翻译讲义、教学用图板、微软 Word 软件、Excel 软件、PowerPoint 幻灯片软件。

词语练习活动：

活动一 生词抄写

学生将生词和拼音抄写在笔记本上，教师讲解生词的意思，再让学生在课

堂上复述出来。开辟学习园地，展示学生的优秀抄写作品。

活动二 汉字记忆游戏

（1）要求每个学生记住 12 个汉字并依次在黑板上写出这些汉字和拼音（2~3 分钟）。

（2）擦去黑板上的汉字和拼音，要求学生说出黑板上曾出现过的汉字。

（3）要求学生说出黑板上汉字的汉语拼音和英文意思，并给一定时间记忆，让学生在黑板上写出这些汉字。

（4）布置作业：完成附有例句的词汇练习题。

活动三 短时记忆训练

教师让 6 个学生面向全班同学站成一行，速记所学词语并立刻向全班同学复述。

活动四 汉语宾果游戏

用 25 个格子的宾果游戏板完成宾果游戏。（见第十四章）

活动五 词语讲义练习

教师设计词语讲义作为课堂练习，该练习对于学习新知和复习旧知效果显著。

活动六 电子识字卡游戏

教师可根据学生的不同水平设计此游戏，最佳方式是限定每张幻灯片的播放时间，以便有效地测试学生的记忆能力和汉字识认的快速反应能力。（见第二十五章）

活动七 制作汉语词库

给词语归类是帮助学生扩展词汇的重要方法。通过将已学词语归类制作成集图片、读音和汉字于一体的汉语词库，学生可随时复习所学词语，加深对词语的印象；通过不断添加新学内容，学生的词汇量不断加大，成就感也与日俱增。制作汉语词库是运用词语、练习写作的好方法。此活动也要在计算机教室进行。（见第二十四章）

活动八 利用电子图片测试词语

利用学区网络测试学生词语掌握程度，题目的设计应该采用视听一体的多选题形式。

活动九 制作电子档案袋

制作电子文件夹，作为学生学习情况的档案记录。

课文练习活动：

活动一 句子翻译

教师设计句子翻译讲义。首先，教师通过简化句中的"a""the""of"等，将句子翻译为中文式英文。然后，将学生翻译时要用的词语罗列出来以降低难度。最后，学生在教师的帮助下，顺利完成从中文式英文到规范中文的翻译。（见第十二章）

活动二 音乐伴读

对许多同学来说，跟着教师朗读这种单纯重复的形式非常枯燥无味，而音乐伴读能使朗读变得有趣起来。教师可以让学生先练习，然后在课堂上表演，最后由裁判给出分数和评语。

活动三 传话游戏

学生 6~7 人为一组站成三排，教师悄悄将句子告诉每一排的第一个学生，然后该学生上前绕讲台一圈，将句子告诉第二个学生。这样 5~6 个回合以后，学生就记住了整篇课文。（见第十八章）

活动四 画图讲故事

教师准备图画纸，让学生将课文句子内容画下来。一般来说，一篇课文可画 6~7 幅图，让学生在图下面附上中文说明，然后复述故事。（见第二十章）

活动五 快速认读

快速认读即大声朗读 PowerPoint 幻灯片上的内容。教师可设定每张幻灯片的播放时间为 3~6 秒钟，让学生大声说出屏幕上出现的句子。该活动训练学生对句子的视觉反应能力。

活动六 快速翻译

学生将英语迅速翻译成汉语并大声读出来。英语句子为中文式英文句子，便于学生逐字翻译。该活动可以帮助学生熟悉中文表达顺序及汉语语法。下面给出几个中文式英文句子的范例（括号中是符合英语语法的句子）：

(1) He very busy. (He is very busy.)

(2) Last Sunday he and his younger brother go zoo. (Last Sunday his younger

brother and he went to the zoo.)

（3）My book bag has very many books. (There are many books in my book bag.)

（4）Zoo inside has tigers, elephants, lions and pandas. (There are tigers, elephants, lions and pandas in the zoo.)

活动七 课文表演

如果课文是对话形式，那么可以让学生进行对话表演；如果课文是故事形式，则可以在课堂上讲故事。

活动八 综合练习

（1）根据课文内容，选择若干插图，给插图配上文字说明并制成幻灯片。

（2）利用录音软件，给每张幻灯片配音。

（3）在课堂上展示幻灯片课件。

第四章
文化教学

在语言课堂上有效地融入目标语所承载的文化内涵，是将外语学习变成学生"乐学时光"的一条捷径，这一观点得到了外语教师的广泛认可。文化到底是什么？这很难确切定义。一方面，文化是一个广义的、抽象的概念，信仰、艺术、传统、社会价值、社会团体、行为方式、知识学问、道德规范、风俗习惯等等都属于文化的范畴。另一方面，文化又是狭义的、具体的东西，生活方式、社会制度、日常生活、食物、医学、交友、谈吐、智力活动、艺术活动、学校教育，甚至学校纪律都包括在内。在初、高中学校，教师需要利用后一种文化范畴使语言学习和文化体验有机地结合起来，因为这种文化范畴所包含的内容是具体的、可见可闻的、反映现实社会的活动。让学生亲自感受、体验这些活动，汉语课堂将会充满乐趣。同时，广泛而抽象的文化概念也能够在妙趣横生的游戏和课堂活动中得到诠释。另外，对于其他文化体系的人而言，中国文化是陌生的，因此它常常激发学生探究的好奇心，这也是学生学习汉语的动机之一。

一、中美文化差异

中国和美国之间的主要文化差异在于日常生活中思考问题的方式。中国人的思维方式是集体的，而美国人则是崇尚个人主义的。中国人强调个人应为国家服务，而美国人相信国家应该服务于个人。这种差别在日常生活中便能得到体现，例如信封的地址：中文信封上地址的顺序是国名、省名、街道名和收信人，而英文信封上的地址正好相反。中国的教育提倡向古人学习而不是鼓励学习者去探索新事物，美国教育则鼓励学习者在前人的基础上探索新事物。中国人注重经验，而美国人更崇尚科学实证和定量研究。中美在家庭教育上也存在差异，中国家庭提倡顺从和尊老，但是美国父母倾向于让他们的孩子质疑并挑战任何不合理的事。因此，来自中国的教师会在许多小事上感到棘手，受到挑战。在英语中有"老师"这个词，但是美国学生称他们的老师为"先生"、"小姐"或"夫人"。在中国，"老师"是一种尊称，但是美国学生抵制这个头衔。学生可能会想：我不想叫你"old master"（master也可作"主人"讲），因为我不是你的奴隶。由于美国学生未受到过儒家文化的影响，中国教师可能难以从美国学生那里得到他们在中国习惯得到的尊重。

二、关于中国的谬论

与中国学生不一样，美国学生大多不了解中国。新来的汉语教师可能会从学生那里听到一些既陈旧又过时的信息。下面是一些关于中国的荒诞说法：

- 中国只有一个民族，没有其他少数民族。
- 中国经济在退步。
- 中国没有体育运动。
- 中国人长得矮。
- 中国饮食多糖且油腻。
- 签语饼（美国的中餐馆内常见的元宝状小饼，内藏有预测运气的纸条）来自中国。
- 中国仅制造玩具、鞋子之类的小玩意儿。
- 中国人不喜欢女孩，女孩只能在孤儿院等待被收养。
- 中国没有流行音乐。

三、美国学生了解的中国

中国文化博大精深，但美国学生对此知之甚少。喜欢武器的学生了解一些中国古代兵器。大部分学生喜欢观看中国武打片，知道中国武术，认识个别中国名人，如成龙、李连杰和李小龙。学生熟悉的著名建筑只有天安门广场、中国长城等。从社会学课程的学习中，他们了解到共产主义和社会主义，也了解到中国一些地方的贫穷。由于美国到处都有中国餐馆，他们很多人学会了使用筷子。有些学生常常光顾中国餐馆，知道一些常见的中国菜。中国制造的产品如衣服、鞋子、夹克、裤子、一元店商品、小工艺品、珍珠项链等对他们来说也并不陌生。

四、美国学生感兴趣的课题

美国学生大多对关于中国的任何事物都充满好奇。男生和女生的兴趣点不同。男生喜欢军队、武器、武术、科学、建筑、战争和历史等，女生则喜欢不同的话题，比如时尚、艺术、歌舞、厨艺、家庭、手工等。事实上，每个学生都能找到特别吸引他／她的东西，并通过发现自己的兴趣点，加深对汉语学习目的的理解，从而更好地回答"我为什么学中文"这个问题。由于在某些方面有专长，学生有较强的自我价值观和自信心，他们会积极主动地探索更多知识，培养兴趣爱好。反过来，学生的天赋和专长也会助他们一臂之力，使他们在不同科目上取得成功。

五、文化课的授课语言

向美国学生介绍、展示一个真实的中国，文化项目的选择非常重要。汉语语言本身就是文化的一个方面，文化与语言是相辅相成、相互促进的。汉语教学应该是对目的语文化不断加深理解和认同的过程。通过文化来教授语言，学生会学得更好。那么，应该用英语还是汉语来教文化呢？这完全依学生的中文水平而定，但是任何时候我们都要鼓励学生使用中文，甚至一句话里夹一两个汉语词对学生来说都会受益匪浅。一般来说，汉语课双语（中英文）教学是最适合的。

六、跨学科理念

近年来跨学科学习的理念越来越得到广泛的认可。社会科学、自然科学、音乐、美术等其他学科与汉语学科间的相互渗透越来越多。如此一来，汉语教师就需要调整观念，理解其他学科教师的教学与自己的教学是相辅相成、相得益彰的。当其他学科教师要求汉语教师设计跨学科的课程时，汉语教师可以提出课题或设计一些活动课。

七、文化课教学课题

- 中国历史
- 中国家谱
- 中国游戏
- 中国灯笼

- 中国扇子
- 中国书法
- 京剧脸谱
- 中国花鸟画
- 中国剪纸
- 中国古代诗歌
- 中国厨艺
- 中国园艺
- 中国建筑

- 中国属相
- 中医科学
- 中文广告
- 中文菜单
- 中文名字
- 中文笔友
- 中文日记
- 中文书籍
- 插图字典

八、中华才艺表演

- 歌舞表演
- 中国歌曲
- 中国舞蹈
- 木偶表演
- 短剧表演
- 乐器表演

- 民间传说
- 成语故事
- 中文故事会
- 中国武术
- 中国书法
- 中国绘画

九、竞赛活动

- 筷子比赛
- 乒乓球比赛
- 汉语识字比赛
- 汉字设计比赛

- 猜谜比赛
- 中国文化知识竞赛
- 中文造句比赛

十、专业项目活动

高年级（六或七年级）的专业项目课程要求学生选择他们最感兴趣的话题，以此为内容制成 PowerPoint 幻灯片。在学生对某话题进行研究的过程中，每个学生都能在某方面成为"学生专家"，并就此方面在班上做演讲。班上的其他学生聆听演讲并提出问题，"学生专家"回答所有的问题。下面列出的是学生最感兴趣的话题：

- 中国政治
- 中国佛教
- 中国长城
- 中国少数民族
- 中国的皇帝
- 中国的名人
- 中国历史故事
- 中国民间传说
- 中国文化展
- 孔子
- 中国节日和节日食品
- 中国人喜爱的运动
- 中国的发明创造
- 中国算盘
- 中国绘画
- 中国占卜术
- 禅宗哲学
- 北京奥运会
- 中国针灸
- 中国丝绸
- 三峡工程
- 中国书籍
- 中国电影（特别是中国战争、艺术电影）
- 中国古代兵器
- 中国时装
- 中国茶文化
- 中国收藏品
- 中国龙
- 中国河流
- 汉语名言
- 中国宫殿
- 中国动物
- 中国标志

十一、游戏活动

游戏活动一直是调动课堂氛围的催化剂，学生对此始终兴趣盎然。下面列举的一些有趣的游戏活动，目的在于激发学生的学习热情，同时促进他们对中国文化的理解。

- 击鼓传花
- 中国麻将
- 中国象棋
- 猜谜游戏
- 中国古代益智游戏（七巧板、九连环、华容道等）

十二、亲自体验、参与的活动

在美国，大多数城市都有中国城，没有中国城的城市也有中国街，在那里，中国文化气息十分浓郁。另外，美国一些大城市每逢中国节日还会举办彩车游行、龙舟比赛、舞龙舞狮等活动，充满节日的气氛。在这个时候组织学生去观看、参与活动，是了解中国节日文化的最好途径。下面列出一些常见的体验地点或活动：

- 中国博物馆
- 唐人街
- 中国电影
- 中国餐馆
- 中文学校活动

- 姊妹学校互访
- 中国夏令营
- 在美国的中国艺术表演团（杂技、歌曲和舞蹈）
- 中国节日活动(赛龙舟、舞龙舞狮和中国集市等)

十三、本地资源

本地资源指的是到过中国、在中国做过生意或居住过的本地人。他们非常乐意将自己的经历讲给学生们听，教师可以邀请他们来课堂里做演讲。下面列出了一些常见的本地资源：

- 商人
- 外交官
- 政治家
- 制片人
- 退伍军人

- 教师
- 运动员
- 旅行者
- 中国大学教授
- 去过中国的家庭成员

十四、其他资源

其他资源如通过交友网站认识中国朋友等等，也是学习中国文化的好机会。

- 笔友（交友网站朋友、姊妹学校朋友）
- 网站
- 软件
- 图书

- 中国人社区
- 当地商业区
- 中国相关行政部门

美国外语教学理论篇

　　美国近几十年的汉语教学，经历了从过去不被重视、发展缓慢，到现在快速发展、日渐兴盛的过程。这个过程是漫长的，目前的局面源于中国经济的快速发展和国际影响力的不断提升，也与国家汉办和孔子学院在海外的不懈努力分不开。但是，要发展汉语教学，仅有好的外部条件还不够，美国目前的外语教学理论主要有哪些？教师用什么方法教学生？美国学生和中国学生的学习方法有什么不同？中国古语说知己知彼才能百战百胜，因此我们有必要对美国的外语教学有所了解，而重中之重是要对他们的外语教学大纲和教学模式有较为清楚的了解。与中国目前的外语教学方法不同，美国外语教学更提倡以学生为中心和个性化的教学。这种教学理念认为学生对外语的习得应该在教师的教学过程中实现，学生应有更多机会将学到的知识和技能在实践中进行应用，从而使学习成果得到检验。美国《21世纪外语学习标准》(*Standards for Foreign Language Learning in the 21st Century*) 强调"5C"的教学标准，"5C"即交流（Communication）、文化（Cultures）、贯连（Connections）、比较（Comparisons）和社区（Communities）。在各州的外语教学大纲中，5C标准被贯穿到每个语言学习的主题当中，即学生对每个主题语言素材的应用都要通过5C标准来进行检验。这种教学模式在中国也被称为教学与实践相结合的模式，其过程可以归纳为：教学→实践（应用）→检验。在美国的外语教学中，教学的内容都是十分实用的，学生的学习活动贯穿整个过程，每一个环节都是教师和学生的互动。教师是教学的设计者，也是学生学习的辅助者。这一模式转化了教师的传统的"教"的职能，使教师成为学生学习的研究者、协助者。本篇将介绍的几种外语教学法就是从这个教学模式中发展出来的。

第五章
美国外语教学的 5C 标准

一、美国外语教学的宗旨

在介绍和探讨美国外语教学的 5C 标准之前，我们先来看看美国外语教学的宗旨[1]：

Statement of Philosophy

Language and communication are at the heart of the human experience. The United States must educate students who are linguistically and culturally equipped to communicate successfully in a pluralistic American society and abroad. This imperative envisions a future in which ALL students will develop and maintain proficiency in English and at least one other language, modern or classical. Children who come to school from non-English backgrounds should also have opportunities to develop further proficiencies in their first language.

语言和交流是人的经验的灵魂。美国必须通过教育使学生具有充分的语言和文化知识，能够在多元化的美国社会和世界上成功地进行交流。这个必不可少的举措为**所有的**学生描绘了一个未来：所有的学生都能够发展和保持英语的熟练程度，同时至少学习一门现代或古典的外语。那些来自非英语背景的学生也应该有机会继续发展他们母语的熟练程度。

二、什么是外语教学的 5C 标准

美国外语教学的 5C 标准是一个综合性的、有明确检验指标的、有一定范围的教学标准，是对从幼儿园到十二年级，再到大学的外语教学的指导纲要。这个教学标准对所有在美国学校开设的语言课程都有指导作用。美国中学和大学开设的外语课与中国不同，他们普通中学里开设什么外语课程是由每个学校自己选定的，而且美国的大学入学考试如 SAT 或 ACT 中没有对外语的要求，美国大学录取新生时，外语水平只是作为参考，所以美国中学对外语课程的选择相对自由。美国有一个全国性的外语教学组织，被称为美国外语教学委员会（简称 ACTFL）。这个组织于1967 年成立，致力于促进美国的外语教学，每年 11 月份会在美国的不同州召开一次全美外语教学年会。这个组织有一个对美国外语教学的整体性的指导意见和评估标准。在这个标准的指导下，美国各个州的教育部门再定出细则，形成一整套教学纲要，发布到学校的执行部门。在实际教学中，这个纲要变得十分详尽，指导和影响着包括教材选用、教学方法的使用、教学过程、教学效果的评估等各个环节。这个纲要在很多方面给教师以充分的教学自由，但也在一定程度上限制了教学自由。那么，这个纲要中的教学标准究竟是什么呢？这个纲要的标准可以被笼统地归纳为"5C"。为什么叫"5C"呢？因为这个外语教学标准中每一个标准的第一个字母都是 C（Communication、Cultures、Connections、Comparisons 和 Communities），所以便简写成 5C 标准。这五个方面总结了与语言使用相关的各个方面。

三、5C 标准的历史

外语教学 5C 标准的由来可以追溯到 20 世纪 80 年代的美国外语教学大改革运动。美国的非营利性教育研究组织——最佳教育全国委员会在 1983 年 4 月发布了一份有些耸人听闻的美国教育报告——《危机中的国家：教育改革迫在眉睫》（The National Commission on Excellence in Education, 1983）。这份报告研究了当时的国际形势，提到了日本、韩国、德国等国经济的迅速发展。报告中说："不友好的外国力量强加给美国平庸的教育体系，我们把它看作战争行动。"

这份报告中的这句话有两层意思：一是认为当时美国平庸的教育是别的敌对国家强加给美国的，他们试图以此来颠覆美国；二是将外语教学与美国的国家前途结合起来，认为外语教育关系到国家安全。报告进一步说当时的社会和教育机构似乎已经看不到教育的根本目的，也看不到教育的高要求和高标准。在这种情况下，报告提出了外语教学在 K-12 的重要性，以及外语教学的原则和目的。报告主张外语教学应从幼儿园抓起。因此，美国外语教学委员会和美国法语教师协会、德语教师协会、西班牙语和葡萄牙语教师协会一起，从 1992 年开始为美国学校制订外语教学大纲。1993 年他们得到政府的资助，1995 年在美国外语教学委员会举办的全美外语教学年会上公布了这个教学大纲。

四、5C 标准的内容

在 5C 教学标准出现之前，美国传统的外语课堂教学基本采用"怎么用语法说词汇"的教学模式，汉语教学也是重视语言结构的教学而不重视语言运用的教学。5C 标准在语言结构教学的基础上重视语言运用的教学模式，即强调语言的交际功能，提倡在更广的范围内学习外语，认为学习外语应该是懂得怎样、何时、为什么对什么人说什么内容。5C 其实就是语言运用的五个方面：交际、理解和学习外国文化、学习不同学科、运用语言分析比较各种信息以及运用多种语言促进社区和世界的相互了解和理解。这个教学标准不但催生了各种语言教学流派，还为美国各州外语教学大纲的制订奠定了基础，例如笔者曾任教的印第安纳州的外语教学大纲就是从 5C 标准细化而来。这些细化的内容将教学重点完全放在了语言运用上，即完全按语言的实际使用方式来教外语。从下面译自印第安纳州外语教学大纲的表格中我们可以看出这一情况。（Indiana Department of Education，2014)

表 5-1　印第安纳州外语教学大纲

标准	标准的细化
交流	用目的语进行交流 标准 1.1：学生能参与交谈、提供并且得到信息、表达感觉和情感以及交换观点。 标准 1.2：学生能通过书面和口头两种途径理解和阐释各种主题。 标准 1.3：学生能对各种主题的信息、概念和想法对听众进行演讲。

（续表）

标准	标准的细化
文化	获取文化知识，了解其他文化 标准2.1：学生能够展示他们对目的语文化行为和文化观念之间的关系的理解。 标准2.2：学生能够展示他们对目的语文化产品和文化观念之间的关系的理解。
贯连	贯连其他学科并且获取信息 标准3.1：学生能通过学习外语扩展他们其他学科的知识。 标准3.2：学生能获取信息，并且能充分认识到只有通过学习外语及其所在文化才能了解到不同的观点。
比较	发展对语言和文化的洞察力 标准4.1：学生能展示其通过对目的语和母语的比较而获得的对语言本质的理解。 标准4.2：学生能展示其通过对目的语文化和自己文化的比较而获得的对文化本质的理解。
社区	参加国内外多语言社区的活动 标准5.1：学生能在学校内外使用所学外语。 标准5.2：学生能通过使用不同语言，使自己成为更享受生活、人生更充实的终身学习者。

以上表格中的内容是这个大纲中最主要的部分，列出了5C标准的具体内容。大纲还有四年级、八年级和十二年级的进展指标，还提供了对学习方案的说明。大纲虽然是面向所有正在教授的外语，如阿拉伯语、汉语、古典语言（如拉丁语）、法语、德语、意大利语、葡萄牙语、俄语、西班牙语、日语等，但同时对汉语教学也有很具体的描述和进展指标。

这个大纲将交流能力放在第一位，交流能力的培养是整个大纲的灵魂。交流包括各种语言交流的形式：听、说、读、写。交流式课堂的活动包括口语面谈、角色扮演、电话对话、朗读电子邮件、写作等等，形式多样。大纲将所有语言交流活动概括为三种交流模式，即人际交流、解释交流和展示交流。美国大学理事会的 AP 汉语考试，也采用这三种交流模式来进行对语言习得的评估。人际交流模式是指在人与人之间进行交谈，包括通过书面文字进行交谈。解释交流模式是指通过口头或书面的形式，实现对文化意义的解释。展示交流模式主要是指通过演讲介绍使听众了解演讲的内容，是单向的表达。

中小学生喜欢有关他们自己和周围人的内容。教师可以分配给他们恰当的语言学习任务，让学生们解决问题，这种教学方法能使学生对学习过程产生很大的兴趣，从而比较顺利地通过有意义的听说读写活动学习外语。这类活动包括适合他们年龄段的阅读、书写活动，例如阅读同学的笔记、同学的故事、儿童书、旅游小册子等等。另外，项目实践活动也非常适合中学生，因为他们喜欢对陌生的事物进行调查研究，以满足他们的好奇心。有时候他们也从说话人的言语中探究其背后的原因。

在确定了主要的学习目标后，下一步要确定的就是学习的内容和方式，贯连就是学习的重要方式。贯连为外语学习确立了语言学习的环境和内容。当外语和其他学科如社会学、政治学、文学、数学、历史、理工类学科等联系起来，语言就能得到有机的应用。中学生非常乐意把新学的语言和其他各个科目联系起来，以探索新的学习内容。如果外语教师有机会在其课程设计中与其他科目的同行做一些跨学科课堂教学的项目，就会发现这种跨学科课程能对学生目的语语言技能的发展、交叉科目意识的培养以及良好态度的养成等带来独特的影响。

比较标准对于学生的学习也有着特殊的意义。学生们常常乐意将目的语的语言和文化与自己母语的语言文化进行比较。例如，学汉语的美国学生十分喜欢将汉语语法和英语语法进行比较，他们能得出一整套汉语语言的规律。中国文化和西方文化的比较更能激发他们的好奇心，例如对饮食文化的比较、行为文化的比较和礼仪文化的比较都能引起他们的浓厚兴趣。

社区标准将学生从课堂带到社会和多元文化的环境中。在美国，华人社团活动十分频繁，尤其在各地的唐人街、华人社区、华人教会、中餐馆、小商品市场、中国杂货店、博物馆、展览会等，有很多华人演出、华人音乐和体育活动、华人电影播映活动等等。很多学校也会开展去往目的语国家的旅游、游学、交流项目等。互联网也给学生提供了与全世界沟通的便利条件，学生可以与目的语国家的人通过网络进行沟通，不出国门就能感受和学习这个国家的语言和文化。

5C的外语教学标准规定了不同语言水平的听说读写在场景、技能、交流模式、语言内容、熟练程度等方面可以量化的学习标准，但是这个标准并没有规定老师应该怎么教学。美国外语教师们创造出了各种教学方法去达到这些教学标准。因此，在探讨美国外语教学委员会外语教学大纲的同时，探讨一下美国当前几种主流的教学方法也是很有必要的。

参考文献

[1] The National Commission on Excellence in Education, *A Nation at Risk: The Imperative for Educational Reform,* 1983.

[2] Indiana Department of Education, *2013 Indiana Academic Standards for World Languages Introduction Source,* 2014.

1. 该宗旨出自美国外语教学委员会（ACTFL）的官方网站，其网址是：http://www.actfl.org。宗旨的中文译文是我自己翻译的。

第六章
项目教学法

  项目教学法（Project Based Learning）是国际上普遍推崇的学生自主活动型的教学方法。这种方法在美国学校中被广泛使用，颇受学生欢迎，它不但具有强大的理论体系支持，其有效性也通过大量数据得到了证明。

  项目教学法源于二十世纪初期美国的教学理念：学生应从活动中学到知识。这种活动应该是系统活动，即项目。教师应该在课程中设计各种项目，让学生在实践中学习。这一教学理念也符合当时十分流行的建构主义理论。该理论提倡在实践中学习，强调学生在实际操作中构建新知识，学习新技能。

  项目教学法以完成项目为目标来完成学习任务，它强调个人或小组在完成项目之前，先建立多个学习目标，然后对项目的目标和实现目标的方法和步骤进行大量的调查，列出具体的学习内容，即需要解决的问题，然后写出解决这些问题的步骤和时间，在实践的过程中寻找解决问题的方法，从而将项目完成，学生对学习内容的习得也在完成项目的活动中实现。这些活动的重点就在于立项、完成项目和测试的过程。学生的学习目标始终贯穿在他们的学习活动之中，哪怕是评估阶段，教师也会设计各种评估活动让学生学到各种不同的知识和技能。学习评估包括项目演讲、完成项目过程的资料展示、考试以及总结性的汇报。

  项目教学法的课程应该以学习者为中心来激发学生内在的学习动机。项目活动要求学生为完成项目进行合作学习，学生有更多的机会了解与项目有关的知识，对需要解决的问题有更深层次的理解，因此能更积极地投入到学习中去。在项目教学法中，教师扮演督导员的角色，而非决策者。项目教学一定要以学生为中心。学生可以自主选择项目的主题和内容，进行项目策划，设置完成项目的目标及评价项目的方式。这种自主学习过程能大大激发学生的内在主动性。教师作为督导员、协同学习者，甚至作为年长的学习者，与学生教学相长，完全融入学生的学习活动中。项目教学法具有合作学习法（详见第七章）的优点：同伴合作学习，个人和小组合作来解决问题。项目设计应该注意以下三点：1. 设计项目目标；2. 设计完成项目的步骤和活动；3. 设计项目评估的形式和内容。

下面是一个语言学习项目的设计策略。

一、项目目标

要设计一个项目，教师首先要设计项目的目标。目标就是学生完成任务应达到的要求，这些目标应该详细而精确，有梯度、有意图。目标越详细，学生就越对探究的结果感到兴奋，也就越能引发或提升内在的学习动机。项目目标可以分为内容目标、程度目标、终极目标和一般目标。

1. 内容目标

内容目标就是学生通过学习需要掌握的具体内容。如在汉语教学中，教师明确罗列出需要学习的语法点和完成项目所需要的词汇，让学生的学习过程可预见、可感知，这样学生就能清楚地看到自己的进步。

2. 程度目标

程度目标应该充分反映学生在完成项目后应达到的程度。学生需要看到自己的努力有一个成果小结。例如，在一个汉语听说项目中，学生的学习程度目标是他们可以不看书面提示，在中级水平词汇、中等语速的口头提示的指导下，用纸折出一条鱼，或者能根据口头指示在城市里找到一家医院的大楼。

3. 终极目标

终极目标为总结性的目标，即学生通过项目活动学会了什么。例如，在一个中国饮食文化项目"学做中国菜"中，学生用所学汉字、句型和课文内容能独立写出中餐菜谱。

4. 一般目标

一般目标不宜设定太多。描述目标时，用词可略为宽泛，如"理解""鉴赏"等。比如，"学做中国菜"这个项目的一般目标之一是了解和欣赏中国的饮食文化。为确保达到指定目标，目标应简单、明确，在学生能力可及的范围内。

二、项目时间

需要设置项目开始和完成期限的详细时间。有些项目需要花费较长时间，如几周甚至几个月，有些可能是几个小时，甚至几分钟，这要视课题的需要而定。

三、组建小组

项目活动主要是合作学习，学生不仅从教师那里，而且也从同学那里获得知识。有时完成一个项目需要具备各种能力的学生，教师可根据学生的不同特长来组建学生活动小组，让他们都有机会把自己的特长发挥出来，共同完成任务。

四、项目实施

项目实施步骤应清晰明了，指示说明应包括参考资料、学生应研究的项目内容、寻找信息的方法以及其他活动，如头脑风暴、问卷调查、专题采访等。报纸、电视节目、书籍、互联网信息以及教师或项目组长所发资料都属于课题内容的范围。

五、项目形式

项目形式多种多样，教师应从时代性及多样性方面设计最适合项目活动的形式，并做出条理清楚的说明。许多形式如制作小册子、制作幻灯片、录制视频等都广泛应用于调查研究和文学研究等课题。包装纸、泡沫塑料、胶棒等都是制作手工作品常用的好材料。

六、项目清单

教学活动前，教师要发给学生一张活动清单，学生可依据任务的完成情况在清单上一一打钩，直到完成所有任务。这样做有助于项目活动的开展。为帮助学生按时高效地完成活动任务，教师要具备较高的组织才能。

七、评估方法

作为项目评估的一部分，教师应在分配课题任务的同时，详细、明确地陈述评估方法。

八、项目结题

学生可利用多种方式进行项目结题，以展示专题成果、演示课题和出版成果。课题演示及作品展览是最常见的结题方法。

九、总结评估

教师应要求学生写结题总结以陈述项目的内容、研究的收获以及项目的成果。总结实际上可用来评估项目，需附在项目报告里。真实的评估应该包括明确而详细的自我评估、同伴评估、教师评估和专家评估。在评估的过程中，教师起主导作用，学生和其他人员起辅助作用。

十、项目计划模板

以下项目计划模板可供教师参考，教师可根据此表撰写项目计划。

表 6-1　项目计划模板

项目名称	写明项目的具体名称。
完成时间	完成项目所需的大概时间，例如，为学生提供四周的时间，让其选择合作伙伴并共同完成任务。
具体时间	注明项目的具体时间，包括起始和结束时间，以及项目部分重要步骤的活动时间。
项目目标	简要说明项目需达到的目标，即学生从此项目中能学到什么。
学科范围	项目涉及的学科范围。如果项目是跨学科的，需罗列出来。
活动年级	指定水平相当的年级参加项目。
联系人联系方式	注明教师姓名和电子邮箱地址、学校地址和电话号码。
项目内容	项目具体实施细则。
人员分配	人员分配，包括其他教师和每个同学的任务。

十一、项目示例

项目名称：中国的十二生肖

项目目标：

（1）学认十二生肖的汉字。

（2）学写十二生肖的汉字。

（3）了解十二生肖年，找出家庭成员的生肖年。

课题时间：2 课时

实施方法：通过互联网和参考书了解中国十二生肖体系以及生于不同生肖年的人的性格特征。

教学材料：PowerPoint 幻灯片、纸板、家庭成员的照片

教学步骤：

（1）找到不同年份的十二生肖动物的汉字并填入表格内。

（2）从互联网上下载生肖动物的图片，附在表内汉字旁。

（3）抄写该生肖动物的汉字五遍。

表 6-2　十二生肖汉字抄写表

Pictures	Chinese Characters	Year	English	Copy	Copy	Copy	Copy	Copy
		2017						
		2016						
		2015						
		2014						
		2013						
		2012						
		2011						

（续表）

Pictures	Chinese Characters	Year	English	Copy	Copy	Copy	Copy	Copy
		2010						
		2009						
		2008						
		2007						
		2006						

（4）在下图中按顺序标出从 2006 年到 2017 年的生肖动物，并用中文写出动物的名字。

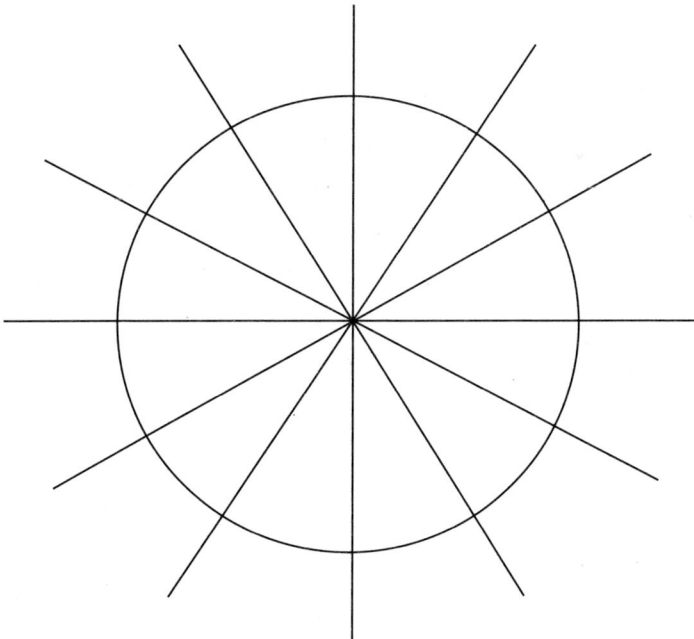

（5）找出你的家庭成员的出生年份，用中文将所属生肖动物的名称填入下表中，并写出家庭成员的性格特征。

表 6-3　家庭成员出生年份、所属生肖和性格表

Relative	Birth Year	Zodiac Animal	Personality

（6）制作内容为家庭成员性格特征的 PowerPoint 幻灯片，幻灯片上应包括汉字、拼音和英语解释。

项目小结：写一份关于中国十二生肖的项目报告。

项目评估：通过自我评估、同伴评估和教师评估等方式，对下列内容进行评估。

（1）学生能否说出十二生肖的动物名称？

（2）学生能否写出十二生肖的动物名称？

（3）学生能否设计制作关于十二生肖的海报，内容包括家庭成员所属动物、照片和名字？

（4）学生能否写一篇关于中国十二生肖的故事，并在课堂上和同学们交流，互相学习？

第七章
合作学习

一、什么是合作学习

1. 合作学习简介

合作学习（Cooperative Learning）是美国中小学的主流教学法。合作学习的教学方式是让学生在学习小组中互相帮助，共同完成学习任务。它的教学理念就如孔子所说："三人行，必有我师焉。"

合作学习要求小组中的成员不仅要自己主动学习，还有责任帮助其他同学学习。在美国，合作学习还有一个更好听的名字——团队合作。这种学习方法的产生和美国社会的发展密不可分。美国是一个很讲究实用的国家，中学阶段就十分注重结合社会需求培养未来的人才。为了培养符合社会需求的合格人才，教育变得越来越以工作需求为导向。学校教育和职业的联系越来越紧密，学校要为社会各行各业提供人才。公司对于人才的要求和期望持续地影响学校的课程设计和教师的教学手段。现代的生产和经营已经不是凭个人之力就能办到的事。在现代的大企业里，团队合作越来越重要。虽然基本的听说读写技能还是人际沟通的必需技能，创新思维、解决问题的能力还是非常重要，但团队协作能力、领导能力、口头沟通能力和职业发展能力都变得越来越重要，成为合格的社会人才的必备能力。合作学习和其他传统教学方法相比，更突出两个方面：团队学习和实践经验。因而，合作学习就这样应运而生。在美国中小学，新任汉语教师在专业训练中必须了解和熟悉合作学习的含义和方法。在他们的资格证书考试中，合作学习是必考的项目之一，这足以说明合作学习教学法在基础教学中的重要性。

2. 合作学习的历史

合作学习的历史可以追溯到很久以前。古代哲学家相信学习发生在学习者的互动之间。在十八世纪初期，英国曾经在教学领域广泛地实践合作学习理念。十九世纪初，美国引进了合作学习理念，自此，合作学习方法在美国流行起来。二十世纪早期，约翰·杜威在美国推广合作学习的理念。尽管该理念在二十世纪三十年代后期因受到竞争观念的冲击而遭到质疑，但是到二十世纪八十年代，美国又掀起了合作学习的研究热潮：大学开设了合作学习的课程，中学课堂教学也体现了合作学习的特征，学生们围着圆桌相对而坐，面对面进行小组学习活动。自此，合作学习在美国得到了广泛的认可和应用，成为一种颇受欢迎的主流教学法。

3. 合作学习的基本理念

人们通过阅读，只能学到 10% 的知识；通过视听，能够学到 30% 到 40% 的知识；通过讨论，能学到 70% 的知识；通过亲身实践，能学到 80% 的知识；通过亲自教学，则能学到 95% 的知识（William Glasser, 1998）。合作学习理念为学习者提供了全方位的学习方法，包括倾听、观察、讨论、体验和教学。

4. 合作学习中教师和学生的角色

在传统的课堂上，学生是被动的听众，通过听讲和提问理解教师的教学。运用合作学习理念，学生变成了听众、记录员、组织者、领导者、讨论者和自我评估者，而教师则是一个调解者，需要经常监控学生小组课题的进程，并选定最有效的学习策略、最适合学生的任务活动以及完成任务所需的练习。教师需要为学生确立学习目标，同时告诉学生课题演示技巧、正确的学习态度和需要遵守的纪律。总之，教师不只是知识传授者，更是一个调解者、一个帮手或者一个组织者。教师组织教学、管理课堂，营造良好的学习环境，还要为学生提供课堂活动和项目课题，并清楚地限定课题完成时间，帮助学生进行小组分配，和学生一起讨论学习，并给学生提供大量的背景知识。

5. 合作学习中的小组

合作学习的小组类型主要有两种：学生小组和师生小组。两种小组都是临时建立的。学生小组完全由学生构成，小组中的学生们相互学习，相互帮助，互相依赖，互相尊重，共享信息，一同完成团队任务。师生小组是由教师和学生共同构成的小组，这样的小组有师生互动的功能。因为团队是由教师领导的，因此教师更容易解释活动程序和活动内容。教师不仅要满足学生的共同需求，还应关注个别学生，鼓励学生讨论，并对其讨论进行总结，等等。很明显，师生小组比学生小组更正式。学生小组更加强调学生自身的任务，强调个人对小组的责任。如果小组成员的想法有分歧，需要运用社交技巧加以沟通和解决。在完成小组项目的过程中，学生也需要更多的自信心和团结协作的精神。通过采用不同的策略，学生从不同的角度来履行职责，圆满完成团队任务。

教师可以通过多种方式组织小组，例如根据学生的座位、生日、颜色喜好或兴趣等来分配小组。小组人数不限，学生能力水平可以相当也可以各异。以完成任务为目的建立的小组是一个组内成员需求相同的学生组，这个小组是短期的、临时组成的，小组成员要一起合作一段时间。

教师要为学生设计具有挑战性的项目活动。项目应难度适中，有时间限制。教师确定班级目标、奖励机制和角色分配，并且直接指导合作。合作学习中的很多活动，如头脑风暴、记笔记、团队写作等，都需要教师的直接指导。指导过后，教师依然有义务为学生提供信息、示范技巧并设计练习活动。

学生之间相互分享信息和资源，自我训练如何利用社交技巧，讨论、解释、理解、描述、总结正在学习的和已学的知识。小组合作学习强调学生的责任感和团队精神。所有组员都深知团队的成功来自于每个人的贡献。每个组员都是领导者、沟通者、决策者、处理冲突者、积极倾听者、分析者、帮手以及问题解决者。在团队中，学生依次互相询问解决问题的方法，确定各自的兴趣和需要。

6. 合作学习的评估方式

合作学习的评估方式可以是多种多样的。教师可制作一个任务项目清单和分级列表，在完成项目时，给小组中每个成员同等级的分数。学生也可制作自我评估表或小组评估表。评估可以是一般的检测或者正式的考试，这完全依据具体项目而定。

7. 合作学习的优势

通过合作，参与者彼此学习并相互受益。团队的成功建立在每个成员成功的基础上。小组所有成员分享共同的目标，成败得失机会相等。他们深知每个人对于团队的成功都同等重要，每个人都是团队不可缺少的一员，每个人都感到自豪，每个人的成功都能得到认可。合作学习促进学生的友好关系，激发学生的内在动机，增强学生的自信心，加强师生的亲密关系。学生为小组学习承担责任，消极的学习变为积极的学习。学生更加主动地参与学习，思维更缜密，表达更清晰。

二、合作学习教学设计模板

表 7-1 合作学习教学设计模板

教师姓名	写出授课教师的姓名。
科目和年级	写出授课科目和年级。
单元课题	写出本单元的课题名称。
本课课题	写出本课的课题名称。
课程标准	写出参照的课程标准。
学习目标	列出具体的学习目标。教师需要在单元教学开始时陈述学习目标。
课题时间	根据教学内容和活动估算并设置课题时间。
所需资料	教科书、工具书及任何必要资料。不同的单元课题和项目内容所需的资料也有所不同。
策略运用	教师采用何种策略激励学生学习。
学习内容	依次列出学生探究的内容、过程和结果以及下一步的计划。
项目活动	学生通过各种项目活动来达到学习目标。
小组分配	将学生按优化分组原则分成若干个活动小组，小组人员多少和能力类型依各个项目而定。教师要以小组为单位分配任务，或者小组成员内部自己分配任务。
教师职责	酌情而定。
学生责任	有时由于学生年龄小，有必要向学生讲明责任。教师组织的课程和活动要使每个学生都感到自己的贡献举足轻重，自己的责任非常重大。

（续表）

热身活动	通过小游戏让学生热身，为合作学习做好准备。
规则陈述	教师直接、清晰地陈述活动规则。新教师应先学习如何简洁明确地做规则陈述，多次练习直到能做得得心应手。
任务步骤	教师明确列出学习活动的步骤和程序，以促进学生的学习。团队成员积极配合，相互合作，共同完成学习步骤。
学习活动	开展循环分享、解决问题、头脑风暴等活动，各小组相互交流和展示学习成果。
学习评估	小组项目作业、作品展示、课件演示、档案袋、考试，以及达成课程目标的过程中的所有活动记录，这些都可以作为学习评估的内容。
评估标准	评价学生的标准分为两方面：过程和成果。过程方面，分为评估小组活动过程和评估个人活动过程；成果方面，分为评估团队学习成果和评估个人学习成果。
考试安排	如果教师安排考试，最好在学习活动开始前陈述考试计划，然后组织考试复习，最后考试。

三、合作学习教学设计示例

学习目标：收集、构思、讲述中文故事，并制作 PowerPoint 幻灯片课件。

学习准备：课文故事、纸、彩笔、电脑、U 盘、麦克风、扫描仪。

时间要求：45 分钟

小组人数：3~4 个学生

角色分配：小组成员角色任务由教师分配，分配的角色有编辑和翻译员、画家、配音员、课件设计师、全面负责人等。

任务步骤：

步骤一：学生拿到一篇讲义，讲义中有中文故事原文和词汇表。

蚊子和狮子

狮子在林子里走，小动物们都吓坏了，四处躲藏。狮子很得意，心想：这些动物都怕我。狮子听见蚊子的嗡嗡声，却看不见蚊子，于是十分烦恼。狮子向蚊子吹了口气。蚊子被吹得撞到了树上，头上撞起了两个大包。蚊子十分生气，说："你怎么这样对待我们小虫子？"狮子终于看见了蚊子，不讲理地说："你这小东西还和我讲理？滚开，要不然我碾死你！"蚊子气极了，说："你以为你是谁呀！别的动物都让着你罢了。你敢跟我比试比试吗？看谁治得了谁！""哈，你这小东西，小得连影子都看不见，还敢跟我比试。"狮子拿爪子去打蚊子，蚊子飞到狮子额头上猛叮一口，狮子将爪子打在了自己的额头上，痛得大声吼叫。蚊子趴在狮子的背上深深地吸了一口狮子血，狮子嗷嗷乱叫。蚊子又飞到狮子的鼻子、嘴巴上拼命地咬，狮子用自己的爪子把自己打得鼻青脸肿，几乎昏了过去。狮子终于求饶说："好了蚊子，求求你，你是老大，我们讲和吧。"蚊子这才松口，说："我饶你这一次，以后别再欺负小动物了。记住了吗？"狮子说："记住了，记住了！"于是，蚊子嗡嗡地唱着小曲飞走了。

表7-2 《蚊子和狮子》词汇表

New Words	Pinyin	English	New Words	Pinyin	English
狮子	shīzi	lion	吹	chuī	blow
林子	línzi	forest	气	qì	breath
动物	dòngwù	animal	撞	zhuàng	bump
吓坏	xiàhuài	terrified	树	shù	tree
躲藏	duǒcáng	hide	生气	shēngqì	angry
得意	déyì	conceited	怎么	zěnme	how
这些	zhèxiē	these	这样	zhèyàng	this way
听见	tīngjiàn	heard	对待	duìdài	treat
蚊子	wénzi	mosquito	虫子	chóngzi	worm
嗡嗡声	wēngwēng shēng	mosquito noise	终于	zhōngyú	finally
烦恼	fánnǎo	annoyed	讲理	jiǎnglǐ	reason

（续表）

New Words	Pinyin	English	New Words	Pinyin	English
滚开	gǔnkāi	get away	趴	pā	lie
要不然	yàoburán	otherwise	吸	xī	inhale
碾	niǎn	twist	血	xiě	blood
气极了	qì jí le	very angry	鼻子	bízi	nose
别的	biéde	other	嘴巴	zuǐba	mouth
让着你	ràngzhe nǐ	ignore you	拼命	pīnmìng	desperately
敢	gǎn	dare	咬	yǎo	bite
比试	bǐshì	compete	求	qiú	plead
看	kàn	look	讲和	jiǎnghé	make peace
治	zhì	punish	饶	ráo	forgive
影子	yǐngzi	shadow	松口	sōngkǒu	relax one's bite
爪子	zhuǎzi	claw	欺负	qīfu	bully
额头	étóu	forehead	记住	jìzhù	remember
叮	dīng	sting	唱	chàng	sing
大声	dàshēng	aloud	小曲	xiǎoqǔ	lilac
吼叫	hǒujiào	roar	飞走	fēizǒu	fly away

步骤二：小组成员按照各自分配的角色，共同完成任务。

（1）编辑和翻译员

• 将故事逐字逐句翻译成中文式英文，再译成规范英文。

• 给小组呈现两个版本的英文翻译。

• 找出单词，举例说明。

（2）画家

• 深刻理解故事，在纸上画出各自然段故事内容。

• 将画好的画扫描存入电脑，以备制作 PowerPoint 幻灯片课件使用。

（3）配音员

- 按照指派的角色练习配音，组织排练并进行录音。
- 把录音文件保存在文件夹里，以备制作 PowerPoint 幻灯片课件使用。

（4）课件设计师

- 学生要擅长使用电脑，能够熟练制作 PowerPoint 幻灯片课件。
- 制作幻灯片课件，输入汉字并插入图片和声音文件。

步骤三：展示小组合作学习成果，分享研究资源。

- 小组向班级展示成果，小组成员分角色表演。
- 每个小组成员致力于指派的角色，积极互助，共同完成表演。
- 与他人分享研究资源。

个人和小组评估：

在合作学习活动的开始，就要确定个人和小组的责任。小组每个成员应该明白自己的任务和完成任务所要达到的要求，如学习内容、背景知识和技能、任务完成时间等。可以设计一个专家项目的合作评估计划。在这个计划里，教师让编辑和翻译员提出几个翻译问题，让画家提出几个图画和文字的匹配问题，让配音员提出几个听力理解问题。教师的责任是整理所有问题并测试整个小组。

陈述预期结果：

学生陈述预期结果。学生行为应体现团结协作：角色扮演和小组合作时，要用"我们"而不是"我"去展示团队精神。作为促进者和监控者，教师需要随时监控合作学习的进程和质量，分享观点，强调团队精神，帮助学生掌握合作、交流的方法。教师还要深入到学习小组中，参与学生的学习活动，对学生在合作学习中出现的问题出面干涉并加以指导。

课题结题：

课题结题可以采用课题演示、小测试、考试、班级任务讨论和课题发展建议等形式。

备选方案：

如果学校没有电脑实验室或相关软件，小组可以用制作海报或排练短剧的备选课题方案实现合作学习。

参考文献

[1] William Glasser. *Choice Theory: A New Psychology of Personal Freedom.* New York: Harper Paperbacks, 1999.

第八章
区别教学和主动学习

　　部分学生认知能力较低，在课堂上表现欠佳，新任汉语教师可能会对此感到无所适从。美国的教育家相信学习不只有一种方式，而是有多种方式。按照不同学习风格实施区别教学，可以达到课程的教学要求。教师不仅是施教者，而且也是心理学家，需要主动去发现适合学生的学习方法，设计各种各样的学习活动。教师在课堂上实施区别教学，学生的主动学习得以实现。学生在课堂上应该主动参与学习，而非被动听讲，后者常被认为是东方的教学方式。

一、多元智能理论

　　霍华德·加德纳（Howard Gardner，1983）在《智力的结构：多元智能理论》一书中首先提出了多元智能理论。该理论在美国引起了强烈反响，得到教师、决策者的积极认可和广泛应用。教师根据对该理论的理解准备教学计划、设计课堂活动，有些学校甚至以此作为教学的理论依据。多元智能理论认为人的智能至少有七个方面：

表 8-1　多元智能表

智力名称	能力
语言/言语智能	主要是指听和写的能力以及运用语言完成既定目标的能力。
逻辑数理智能	主要是逻辑分析问题的能力和运用数学思维进行科学研究的能力。
音乐节奏智能	指的是演奏、作曲和音乐鉴赏的能力，以及辨别并创作音乐，包括节奏、音调、音色和旋律的能力。

（续表）

智力名称	能力
身体运动智能	指的是用身体语言表达自己的思想和情感的能力以及协调身体运动的能力。
视觉空间智能	准确感受视觉空间，并通过平面图形和立体造型将其表现出来的能力。
人际沟通智能	觉察、体验他人情绪、情感和意图并据此做出适宜反应的能力。
自我认知智能	自我认识能力，洞察和反省自己的能力，正确评价自己的情绪、欲望和动机。

二、学习方式

学习方式是学生在完成学习任务时基本的行为和认知的取向，它对学生如何吸收、理解、处理、储存、记忆和利用新信息影响很大。学生按最适合自己的方式学习时，学习效果最佳。了解学生的学习方式有助于教师备课和上课。根据学习者的智能类型，可以将学习者分为七种具有不同学习方式的学习者，这些学习方式后来又得到进一步的补充完善。

表 8-2　具有不同学习方式的学习者

学习者类型	特征
语言/言语类学习者	该类学习者通常有语言天赋，通过语言学习效果最佳。他们喜欢的课堂活动和内容包括听力、口语、阅读、创新写作、拼写、讨论、文字游戏、绕口令、幽默故事、文献资料、杂志甚至诗歌。口头交流比书本知识更能取悦他们。他们侃侃而谈，口头演讲，相互讨论，互相说服。他们还喜欢大声朗读课文并使用录音设备进行录音。
逻辑数理类学习者	该类学习者擅长推理和运算，具有较强的逻辑思维能力。他们喜欢通过抽象的符号、公式、图形排列、图标结构、数字顺序、计算、解码和解决问题来学习。有时他们是造诣很深的思想家。

（续表）

学习者类型	特征
音乐节奏类学习者	这类学习者节奏感较强。他们通过旋律和节奏思考，用击打节拍加强节奏感，运用韵律表达学习内容；喜欢音乐会、唱歌、吹口哨、随音乐哼唱等；常常对周围的声音反应敏锐，并且能进行多种形式的音乐创作。
身体运动类学习者	该类学习者生性好动、精力旺盛、身体灵活、反应机敏。他们喜欢舞蹈、韵律操、角色扮演、短剧表演、肢体动作、身体语言、游戏活动、体育锻炼等活动，喜欢通过动手做事来探索周围的世界，不喜欢长时间规规矩矩地坐着。
视觉空间类学习者	该类学习者热衷于图像和画面，在艺术、电影、雕刻、制图、涂鸦、想象、观点绘图、图案设计和颜色运用等方面更有优势。他们善于感受空间、理解事物的空间关系，善于运用形象思维做直观而详细的笔记。他们常常绘制图表，给文本配插图，欣赏教师利用多媒体进行的展示，如幻灯片、视频和图表等，关注教师的肢体语言和面部表情。
人际沟通类学习者	这类学习者是社交学习者。他们聪明机智，能很好地融入社会；擅长与人沟通，依赖直觉，善于觉察他人的内心世界，善于通过团队协作的方式解决问题；喜欢冒险和探索新事物，具备领导能力，喜欢团队活动，有高超的协作技巧，能成为合作学习项目的组织者和激励者。同时，他们也很在乎他人的关注。
自我认知类学习者	这类学习者一般比较安静，喜欢独立思考，有的性格较为孤僻，习惯以自我为中心。他们喜欢默读，学习的独立性较强；拥有较强的思维能力，能集中精力，专注做事；具备自我认知技巧，善于自我反思。

三、区别教学

多数学生具备独特的多元智能，学习方式也因人而异，这就需要教师了解每个学生的智能类型和学习方式，因材施教。在美国，很多教师研究如何通过改进教学内容和教学策略来促进教学效果。要想在美国学校取得成功，汉语教师还需要研究教育学，研究学习环境、学生的学习风格和学习策略。针对学生不同的学习方式、学习风格和学习策略，目前，美国最流行的教学法是区别教学。

区别教学是对教与学的关系的一种全新的思维方式。区别教学要竭力满足每个孩子的个体需求。正如前面已讨论过的，教学方法需要不断调整以适应不同智能类型的学生的优势和差异。同一班级的学生兴趣多样，个人经历和生活环境各异。这些差异对学习内容的选择、学习进度以及教师和他人的帮助影响极大。当课程内容与学生的兴趣、生活经历联系起来，当学习机会与学习能力相当，当学习风格得到推崇和欣赏而且有幸被选用为课堂游戏活动风格，教学活动就能获得理想的结果。美国教师认为教学的目的是尽可能地发挥学生的优势，忽视其各方面的差异会导致教学的失败。教学要求高质量的课堂教学水平，教师了解学生的学习能力，帮助学生运用他们擅长的方式感知事物、构建知识体系，探讨更具挑战性的课题，这一切都需要教师扬长避短，因材施教。

对美国学生而言，汉语是一门在形、音和义三方面没有紧密联系的语言。象形字非常形象，对于擅长形象思维的学生来说易学易记，但是对于其他学习类型的学生而言却不一定。区别教学的目的是帮助学生找到适合自己的方法。下面以一首著名的中文古诗《静夜思》为例，说明区别教学的特点。

静夜思

李白

床前明月光，
疑是地上霜。
举头望明月，
低头思故乡。

Thoughts
in the Silent Night

Li Bai

Beside my bed a pool of light,
Is it hoarfrost on the ground?
I lift my eyes and see the moon,
I bend my head and think of home.

许多中国孩子三岁就开始识记这首诗。中国学生不仅能随口背诵，也熟知其深层含义，但美国学生却无法深刻理解。这不仅是因为诗歌是文言文形式，而且因为中国古诗用词简洁传神，格律紧凑优美，译文很难生动形象地再现原文意境。因此，教师必须研究学生的学习类型，调整教学方式。

表 8-3　针对不同类型学习者的教学方式

学习者类型	教学方式
语言/言语类学习者	这种类型的学生学习诗歌重词义。教师可以展示一些象形字。例如，汉字"明"由"日"和"月"组成，"地"带有一个"土"字，"霜"中有"雨"字。拆字分析能帮助学生通过字源理解诗歌。另外，语法对于诗歌学习仍然非常重要。例如，针对方位短语"床前"和"地上"，可以采用中英文对照的形式帮助学生理解。教师还可以让学生大声朗读诗歌，并用录音设备录音。
逻辑数理类学习者	诗歌教学很难像数学教学一样，但是也可以有逻辑性。教师可利用图解展示诗人思绪的逻辑发展，逐行解释诗歌。在这个过程中，学生可能会找到"月""光"等已学词语。
音乐节奏类学习者	对此类学生来说，最好的学习方式是听该诗的配乐朗诵录音。和其他文体相比，汉语诗歌具有独特的韵律和节奏。给学生听配乐诗朗诵录音，学生就会更加关注诗歌的这一特点。当学生模仿录音，有感情地朗读诗歌时，他们就会真切感受到作者的情感并产生共鸣，从而理解诗歌的真谛。学生甚至能模仿原录音，用中国古代音乐给自己的朗诵配乐。
视觉空间类学习者	使用与诗歌内容相配的中国画去解释这首诗，也可让学生以景画图。在中国文化中，月亮常常象征家人团聚。当诗人将"月光"比作"地上霜"时，月光便变得真实可见、可触摸了，诗人孤独的心境、思乡的情感也跃然纸上。

　　对于各种学习类型的学生，如果教师能够做到因材施教，有针对性地采用不同的教学策略，那么课堂教学就会充满乐趣。但是，这样做也有一个缺点：设计不同

的教案、使用各种教学策略，会加重教师的负担。

四、主动学习

主动学习是伴随着兴趣、好奇心和明确目的的学习。当学生的积极性被发挥出来时，学习效果最佳。教学手段与教学方式多元化的主动学习策略能使学生对所学内容记忆深刻，能唤醒学生的学习潜能，提升学生的思维能力，激励他们不断努力，学生在面临新的学习内容时，能够做到举一反三、学以致用。主动学习鼓励学生在做事中思考，在做事中学习。实施主动学习要求教师每周制定教学计划，包括课时安排和学生个体的、群体的、全班的课堂教学活动。教师要根据教学计划设计教学活动。在科技发达的今天，如果教师将教学和现代科学技术紧密结合，课堂教学便会更显生动有趣。照相机、投影仪、电脑、网络、语音实验室、教学软件和教具都是有效的教学辅助用具。

以下简单列举一些可以促进主动学习的学习方式、课堂活动、课堂游戏以及反馈和评估方式：

学习方式：合作学习、研究学习、基于问题的学习、利用多媒体手段的学习等。

课堂活动：辩论活动、小组讨论、短剧排演、反馈总结、笔记共享等。

课堂游戏：听指令做动作、汉字学习志、识字游戏、拼图游戏、角色扮演等。

反馈和评估方式：即时反馈、即时测试、自我评估、相互评估、小组评估等。

参考文献

[1] Howard Gardner. *Frames of Mind: The Theory of Multiple Intelligences*. New York: Basic Books, 1983.

第九章
全身反应法

一、什么是全身反应法

1. 全身反应法简介

全身反应法 (Total Physical Response，简称 TPR) 是美国圣何塞州立大学心理学荣誉教授詹姆斯·阿歇尔 (James Asher，1969) 提出的。人们可以通过身体动作来学习语言，而且也能有效地学习第二语言，全身反应法就是以这个理论为依据发展出来的。语言是人与人之间传递信息的信号体系。当一个人理解了另一个人的话语时，在很多情况下，行动上会有所反应，这种反应是一种对交流的理解，阿歇尔称之为"语言与身体的对话"。反应的形式可能是做出某个动作，如看、微笑、大笑、转身、行走、伸出手、抓紧、抱、坐、跑等等。比如，如果有人用手势告知一个问路的小孩方向，他会做出相应的动作，用身体动作的反应表示理解。不断重复的语言输入和身体反应能够帮助学生内化目标语言，增加语言表达的流利度。一开始，学生的汉语口语表达或许不尽完美，但经过身体语言的训练后，语言的流利程度便开始展现，这就是全身反应法的主要目的。另外，语言和身体的互动有时还能促使学生在一定情境下即时发言。

2. 全身反应法所需技能

实施全身反应法，需要学生具备做出各种肢体动作的技能。

3. 全身反应法所需道具

当教师准备在课堂上应用全身反应法时，需要道具来营造身临其境的语言环境，教师所需的相关道具及材料要根据具体的话题而定。

4．全身反应法的游戏活动

全身反应法的游戏活动总是有两方参与的——发号施令者和执行命令者。从理论上说，发号施令者应当是主导，应预先想好发出哪些指令。而执行命令者则是学习目标语的学生，他们应尽量把握施令者的指令，具体来说，要先充分了解话语的意义，再以肢体动作做出正确的反应，从而证明自己感知并理解了该话语。

二、利用简单动词开展 TPR 活动

利用动词开展全身反应法活动是全身反应法的最佳活动方式。一个学生发出动作指令，另一个学生即兴将语言转化为具体行动。当然，动词必须是能够利用肢体语言表演的动作动词。

表 9-1　全身反应法常用的简单动词表

动词	拼音	英语	动词	拼音	英语
唱	chàng	sing	听	tīng	listen
跳	tiào	jump	刷	shuā	brush
跑	pǎo	run	握	wò	hold
走	zǒu	walk	画	huà	draw
哭	kū	cry	写	xiě	write
喊	hǎn	shout	打	dǎ	beat
擦	cā	wipe	洗	xǐ	wash
踢	tī	kick	看	kàn	look
喝	hē	drink	睡	shuì	sleep
吃	chī	eat	开	kāi	open
说	shuō	speak	扫	sǎo	sweep
骑	qí	ride	拍	pāi	pat

三、利用有整体意义的动词和短语开展 TPR 活动

有些动词和动词短语的真正含义不是其中各字常用意义的简单相加，而是一种特殊的整体意义。比如，"看书"和"讲演"这两个词语，字面意义和整体意义是有区别的。正是由于这种差异，词语所表达的意义不能用字面意义直接译成英语。

表 9-2　字面意义和整体意义不一致的动词及短语表

动词及短语	拼音	字面意义	整体意义
跳舞	tiàowǔ	jump dance	dance
跑步	pǎobù	run steps	run
打电话	dǎ diànhuà	beat telephone	make a phone call
看书	kàn shū	look at the book	read a book
走路	zǒulù	walk the road	walk
哭鼻子	kū bízi	cry one's nose	cry
做饭	zuò fàn	do meal	cook
讲演	jiǎngyǎn	speak and perform	present
打篮球	dǎ lánqiú	beat a basketball	play basketball
踢足球	tī zúqiú	kick a football	play football
提问	tíwèn	lift and ask	ask questions

四、利用字面意义即整体意义的动词和短语开展 TPR 活动

有些动词或动词短语的整体意义和字面意义一样，这些词语可以直接译为英语，更容易用于全身反应法的游戏活动。

表 9-3　字面意义即整体意义的动词及短语表

动词及短语	拼音	英语
穿衣服	chuān yīfu	wear clothes
跳高	tiàogāo	jump height
跳绳	tiàoshéng	jump rope
喝水	hē shuǐ	drink water
洗手	xǐ shǒu	wash hands
刷牙	shuā yá	brush teeth
听音乐	tīng yīnyuè	listen to music
梳头	shūtóu	comb hair
敬礼	jìnglǐ	solute
开门	kāi mén	open the door
开车	kāichē	drive a vehicle
擦黑板	cā hēibǎn	erase the blackboard
画画儿	huà huàr	draw a picture
说悄悄话	shuō qiāoqiāohuà	speak whispering words
扫地	sǎodì	sweep the floor
骑自行车	qí zìxíngchē	ride a bike

五、利用可带多个宾语的动词开展 TPR 活动

许多动词可带宾语，而且经常是一个动词可以带多个名词作宾语，这样的动词很适合进行动作表演。用这类动词开展全身反应法游戏，不仅练习了动词，也同时复习了名词。下表中的动词"打"就可配搭多个名词，组成"动词 + 名词"结构，用于开展全身反应法游戏活动。

表9-4 动词"打"的动宾搭配表

打	电话	dǎ diànhuà	make phone calls
	人	dǎ rén	beat a man
	鼓	dǎ gǔ	beat a drum
	牌	dǎ pái	play cards
	游戏	dǎ yóuxì	play games
	篮球	dǎ lánqiú	play basketball
	排球	dǎ páiqiú	play volleyball
	乒乓球	dǎ pīngpāngqiú	play table tennis
	字	dǎzì	type
	枪	dǎqiāng	shoot a gun
	拳	dǎquán	do shadowboxing

六、利用情感词汇开展 TPR 活动

　　情感词汇能通过面部表情生动地表达出来，学生喜欢这类练习，因为这能让他们随心所欲做鬼脸。此外，对于一些较难表演的词语，教师可用图片代替，让学生选出表示某情感的图片。另外，教师还可以亲自做动作示范。以下是汉语课最常用的情感词汇：

表9-5 情感词汇表

词语	拼音	英语	词语	拼音	英语
高兴	gāoxìng	glad	愤怒	fènnù	indignant
满意	mǎnyì	satisfied	急匆匆	jícōngcōng	hurried
舒服	shūfu	comfortable	紧张	jǐnzhāng	nervous
得意	déyì	conceited	着急	zháojí	worried
悲痛	bēitòng	sorrowful	激动	jīdòng	excited

（续表）

词语	拼音	英语	词语	拼音	英语
忧伤	yōushāng	sad	骄傲	jiāo'ào	proud
忧郁	yōuyù	heavy-hearted	专心	zhuānxīn	attentive
恐惧	kǒngjù	scared	感动	gǎndòng	moved

七、常用的全身反应法练习形式

1. 课堂用语类祈使句

用祈使句发号指令是全身反应法最主要的课堂教学活动。该类句子用来让人执行命令，在本质上更适合用身体动作来表现。实际上，在一些汉语课堂上，学习句子的活动常放在生词学习之前。学生先通过全身反应法学习和练习句子，再学习句子中的生词。下表提供了一些常用于全身反应法的课堂用语类祈使句，这些句子应该在课堂上反复练习：

表 9-6 课堂用语类祈使句表

祈使句	拼音	英语翻译
请举手。	Qǐng jǔshǒu.	Please raise your hand.
请看黑板。	Qǐng kàn hēibǎn.	Please look at the blackboard.
请起立。	Qǐng qǐlì.	Please stand up.
请坐下。	Qǐng zuòxia.	Please sit down.
请数一到十。	Qǐng shǔ yī dào shí.	Please count from one to ten.
请看书。	Qǐng kàn shū.	Please read the book.
请拿出铅笔。	Qǐng náchū qiānbǐ.	Please take out your pencil.
请擦黑板。	Qǐng cā hēibǎn.	Please erase the blackboard.
请向前。	Qǐng xiàng qián.	Please come forward.
请记笔记。	Qǐng jì bǐjì.	Please take notes.
请抬头。	Qǐng táitóu.	Please raise your head.

（续表）

祈使句	拼音	英语翻译
请看老师。	Qǐng kàn lǎoshī.	Please look at your teacher.
请看讲演者。	Qǐng kàn jiǎngyǎnzhě.	Please look at the presenter.
请用汉语说"please"。	Qǐng yòng Hànyǔ shuō "please".	Please say in Chinese "please".
请听我讲解。	Qǐng tīng wǒ jiǎngjiě.	Please listen to my explanation.
请去办公室。	Qǐng qù bàngōngshì.	Please go to the office.
请上讲台。	Qǐng shàng jiǎngtái.	Please come to the podium.
请朗读课文。	Qǐng lǎngdú kèwén.	Please read the text.
请画画儿。	Qǐng huà huàr.	Please draw the picture.
请打开书。	Qǐng dǎkāi shū.	Please open your book.

2．祈使句肯定及否定形式的对比

有些祈使句的否定形式也很常见，我们可用它们的肯定和否定形式进行全身反应法练习。比如，教师发出"起立"的指令后，学生立刻站起来，然后教师接着说"不要起立"，学生根据指令做出正确的反应。下表提供了一些可供练习的句子：

表 9-7　肯定及否定形式的祈使句表

祈使句	拼音	英语翻译
起立！	Qǐlì!	Stand up!
不要起立！	Búyào qǐlì!	Don't stand up!
蹲下！	Dūnxia!	Squat down!
不要蹲下！	Búyào dūnxia!	Don't squat down!
请喝水！	Qǐng hē shuǐ!	Please drink water!
不要喝水！	Búyào hē shuǐ!	Don't drink water!
弯弯腰！	Wānwan yāo!	Bend your waist!
不要弯腰！	Búyào wān yāo!	Don't bend your waist!

（续表）

祈使句	拼音	英语翻译
踢踢腿！	Tīti tuǐ!	Kick your legs!
不要踢腿！	Búyào tī tuǐ!	Don't kick your legs!
张张嘴！	Zhāngzhang zuǐ!	Open your mouth!
不要张嘴！	Búyào zhāngzuǐ!	Don't open your mouth!
说说话！	Shuōshuo huà!	Talk some words!
不要说话！	Búyào shuōhuà!	Don't talk any words!
唱唱歌！	Chàngchang gē!	Sing a song!
不要唱歌！	Búyào chàng gē!	Don't sing anything!
洗洗脸！	Xǐxi liǎn!	Wash your face!
不要洗脸！	Búyào xǐ liǎn!	Don't wash your face!
拍拍手！	Pāipai shǒu!	Clap your hands!
不要拍手！	Búyào pāishǒu!	Don't clap your hands!
开开门！	Kāikai mén!	Open the door!
不要开门！	Búyào kāi mén!	Don't open the door!
关关窗！	Guānguan chuāng!	Close the window!
不要关窗！	Búyào guān chuāng!	Don't close the window!
擦擦桌子！	Cāca zhuōzi!	Wipe the table!
不要擦桌子！	Búyào cā zhuōzi!	Don't wipe the table!
擦擦椅子！	Cāca yǐzi!	Wipe the chair!
不要擦椅子！	Búyào cā yǐzi!	Don't wipe the chair!
离开座位！	Líkāi zuòwèi!	Leave your seat!
不要离开座位！	Búyào líkāi zuòwèi!	Don't leave your seat!

3．触指类祈使句

运用触指类祈使句可使学生学到几乎所有能触摸到的实物的名称。例如，学习表示人体部位的生词时，教师可采用触指游戏，用"指"字引导一个祈使句，如"指着你的额头！"教师还可以用省略形式，直接说出指令"额头！"此外，在学习表示身体部位的生词时，除了用"指"引导的触指类祈使句，还可以用"伸出""露出"引导的祈使句。

表 9-8　触指类等祈使句表

祈使句	拼音	英语翻译
指着你的鼻子！	Zhǐzhe nǐ de bízi!	Point your nose!
指着你的嘴巴！	Zhǐzhe nǐ de zuǐba!	Point your mouth!
指着你的头！	Zhǐzhe nǐ de tóu!	Point your head!
指着你的脖子！	Zhǐzhe nǐ de bózi!	Point your neck!
指着你的脸！	Zhǐzhe nǐ de liǎn!	Point your face!
指着你的眉毛！	Zhǐzhe nǐ de méimao!	Point your eyebrows!
指着你的眼睛！	Zhǐzhe nǐ de yǎnjing!	Point your eyes!
指着你的耳朵！	Zhǐzhe nǐ de ěrduo!	Point your ears!
指着你的头发！	Zhǐzhe nǐ de tóufa!	Point your hair!
指着你的衣服！	Zhǐzhe nǐ de yīfu!	Point your clothes!
指着你的嘴唇！	Zhǐzhe nǐ de zuǐchún!	Point your lips!
指着你的胳膊！	Zhǐzhe nǐ de gēbo!	Point your arms!
指着你的手指！	Zhǐzhe nǐ de shǒuzhǐ!	Point your finger!
指着你的脚！	Zhǐzhe nǐ de jiǎo!	Point your foot!
指着你的肩！	Zhǐzhe nǐ de jiān!	Point your shoulder!
指着你的下巴！	Zhǐzhe nǐ de xiàba!	Point your chin!
指着你的额头！	Zhǐzhe nǐ de étóu!	Point your forehead!

（续表）

祈使句	拼音	英语翻译
指着你的手！	Zhǐzhe nǐ de shǒu!	Point your hand!
指着你的太阳穴！	Zhǐzhe nǐ de tàiyángxué!	Point your temple!
伸出你的大拇指！	Shēnchū nǐ de dàmǔzhǐ!	Raise your thumb!
伸出你的腿！	Shēnchū nǐ de tuǐ!	Stretch your leg!
伸出你的舌头！	Shēnchū nǐ de shétou!	Stick out your tongue!
露出你的牙齿！	Lùchū nǐ de yáchǐ!	Show your teeth!

4．"动词＋名词"类语句

运用动词结合名词来练习卓有成效。下面两个表列出了一些可供练习的句子：

表 9-9 "动词＋名词"类语句表（服装类）

"动词+名词"类语句	拼音	英语翻译
戴上帽子。	Dàishang màozi.	Put on the hat.
穿上鞋。	Chuānshang xié.	Put on the shoes.
穿上外套。	Chuānshang wàitào.	Put on the coat.
穿上夹克衫。	Chuānshang jiākèshān.	Put on the jacket.
围上丝巾。	Wéishang sījīn.	Put on the silk scarf.
披上大衣。	Pīshang dàyī.	Put on the overcoat.
裹上棉衣。	Guǒshang miányī.	Wrap up with the cotton coat.
换件T恤。	Huàn jiàn Txù.	Change a T-shirt.
穿一双袜子。	Chuān yì shuāng wàzi.	Wear a pair of socks.
我要买牛仔裤。	Wǒ yào mǎi niúzǎikù.	I want to buy a pair of jeans.
我要买条短裤。	Wǒ yào mǎi tiáo duǎnkù.	I want to buy a pair of shorts.

（续表）

"动词+名词"类语句	拼音	英语翻译
我要买条裙子。	Wǒ yào mǎi tiáo qúnzi.	I want to buy a dress.
请递给我那条长裤。	Qǐng dìgěi wǒ nà tiáo chángkù.	Please hand me that pair of long trousers.
给我拿一副手套。	Gěi wǒ ná yí fù shǒutào.	Bring me a pair of gloves.
让我看看衬衣。	Ràng wǒ kànkan chènyī.	Let me have a look at the shirt.
去拿件背心。	Qù ná jiàn bèixīn.	Go get a vest.
去拿套装。	Qù ná tàozhuāng.	Go get a suit.
去拿毛衣。	Qù ná máoyī.	Go get a sweater.

表 9-10 "动词 + 名词"类语句表（学习、生活用品类）

"动词+名词"类语句	拼音	英语翻译
请大家翻开课本。	Qǐng dàjiā fānkāi kèběn.	Please everybody open your textbook.
你去擦一下课桌好吗？	Nǐ qù cā yíxià kèzhuō hǎo ma?	You go clean the desk. OK?
你去擦黑板好吗？	Nǐ qù cā hēibǎn hǎo ma?	You go erase the blackboard. OK?
你去找黑板擦好吗？	Nǐ qù zhǎo hēibǎncā hǎo ma?	You go find the eraser. OK?
你们去看一下地图好吗？	Nǐmen qù kàn yíxià dìtú hǎo ma?	You go look at the map. OK?
你借我一支铅笔好吗？	Nǐ jiè wǒ yì zhī qiānbǐ hǎo ma?	You lend me a pencil. OK?

（续表）

"动词+名词"类语句	拼音	英语翻译
你去打个电话，快去！	Nǐ qù dǎ ge diànhuà, kuài qù!	You go make a phone call. Go quickly!
请交一下你的作业本！	Qǐng jiāo yíxià nǐ de zuòyèběn!	Please turn in your exercise book!
请借我地球仪用一下！	Qǐng jiè wǒ dìqiúyí yòng yíxià!	Please lend me the globe!
让我看一下你的笔记本！	Ràng wǒ kàn yíxià nǐ de bǐjìběn!	Show me your notebook!
去倒一下废纸篓！	Qù dào yíxià fèizhǐlǒu!	Go empty the waste-paper basket!
去整理一下你的文具盒！	Qù zhěnglǐ yíxià nǐ de wénjùhé!	Go put your pencil-box in order!
去看一下台历！	Qù kàn yíxià táilì!	Go check your table calendar!
用削笔刀削铅笔！	Yòng xiāobǐdāo xiāo qiānbǐ!	Sharpen your pencil with a pencil sharpener!

从以上例句可以看出，不同的名词需搭配不同的动词，全身反应法游戏活动对这类句子的练习十分有效。如将上述句子用动作来表现，学习者就会体会到做出动作反应的过程就是学习的过程，从而达到学习目的。在开展全身反应法游戏活动时，教师需要提前准备好所用材料，以免临阵忙乱。

5．看肢体语言，说口头语

教师可以用自己的肢体语言表达一些语句，让学生给出口头语，这是学生学习日常用语的一个非常好的方法。该方法还可设计为比赛的形式。学生可分为若干小组，从每一个小组里选一个学生充当表演者，另一个学生充当发号施令者，每个小组相互独立地完成指令与动作。结束以后，对优胜组给予奖励。

表 9-11　日常生活用语的肢体语言表

日常生活用语	拼音	肢体语言
真棒！	Zhēn bàng!	竖起大拇指
是我。	Shì wǒ.	指自己的鼻子
没问题，我保证！	Méi wèntí, wǒ bǎozhèng!	拍胸脯
我害羞！	Wǒ hàixiū!	用手捂脸
不行！	Bùxíng!	摇头
好吧。	Hǎo ba.	点头
欢迎！	Huānyíng!	握手
对不起。	Duìbuqǐ.	缓慢低头
没关系。	Méiguānxi.	摆手
让我想一想。	Ràng wǒ xiǎng yi xiǎng.	用一手托腮
真是没有办法。	Zhēn shì méiyǒu bànfǎ.	耸肩、平摊手掌

6．全身反应法阅读

　　人们总是认为全身反应教学法只能用于听说的训练。其实，全身反应法对阅读书面指令并对其做出反应的训练也卓有成效。许多教师并未意识到，全身反应法阅读活动在日常生活中无处不在。例如，我们安装家具需阅读安装手册，要将一盒零部件组装成一台电扇需要阅读产品说明书。实际上，全身反应法阅读主要是通过阅读说明书来完成任务。很多时候，我们在通过阅读来完成一个任务时，并未意识到我们是在阅读。通过阅读来完成任务是检验我们对语言素材是否理解的最好方法。在课堂上运用这种教学方法，为学生设计各种各样的全身反应法阅读的最大好处是，学生完成了阅读和理解的过程，却未曾意识到自己是在阅读。这时他们关注的是文字所提供的信息，他们力图去理解这些信息，并根据信息提供的指令进行相应操作，于是，枯燥的阅读变成了有趣的活动。下面是一个全身反应法阅读的猜字活动。

教师设计一个内含虚线的方框，学生根据书面指示一步一步地写出汉字的各个部分。

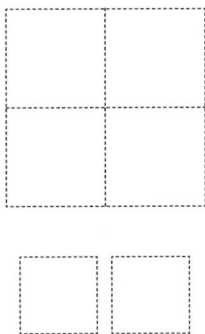

请根据下列提示写出一个汉字并填空：

（1）在左上方的小方格中写上一个"口"字。

（2）在右上方的小方格中写上一个"口"字。

（3）用下面的两个方格写上一个"大"字。

（4）在"大"字的横的右上角点上一个点。

（5）将这个字的发音（拼音）和意义（英语）填在字框下面的两个方格里。

为完成任务，学生必须完全理解以上指示，并按照要求一步一步地写出汉字"哭"。阅读汉语指示对初学者来说有一定难度，教师可将指示译成英语。虽然这样有悖于原定目标，但对学生来说仍然不失乐趣，而且有助于学生更深刻地记忆汉字。该练习活动尤其适用于具备一定词汇量的高中及大学学生。

参考文献

[1] James J. Asher. The Total Physical Response Approach to Second Language Learning. *The Modern Language Journal,* 1969.

汉字、词汇、句法和成语教学篇

　　汉字难教在美国汉语教学界似乎已成为共识。从表面上看，其原因不外乎汉字的字形、笔画复杂，音、形、义不像英语那样能够有机结合。面对难教难学的汉字，很多教师采用让学生死记硬背、按笔顺抄写汉字的教学方法。其实，从文化角度上看，汉字具有十分丰富的文化内涵，其音、形、义具有十分有趣的内在联系。汉字有其独特的美学特点，很多汉字起源于人类对自然之物的临摹。有些汉字由逻辑推理而来，也有些汉字的背后有一段文化故事。中国古代传说中，汉字是由仓颉描摹自然万物的形态创造出来的。将这个传说应用到语言教学的层面，有创造就有它的文化和故事，有故事就有教学内容。这些内容构成记忆的事件点，更便于汉字的教与学，而英语单词的教学只能是一个拼字的过程。从这个意义上说，汉字教学应该比英语单词的教学更富有新奇感和趣味性。汉语的词构成词组的方法应该比英语的构词方法更简单明了，甚至更具逻辑性和系统性。举个最简单的例子——一星期的七天和一年的十二个月份。英语要记的是一星期七天的名称，而汉语记的是一个词和六个有规律的数字，再加上一个"日"字；月份的表达在汉语中更简单，仅是一串数字加上一个"月"字，而英语却需要记十二个难记难拼的词。除了词法以外，汉语的句法和英语句法相比，也更具特色。对汉语教学来说，这样的语言对比最符合 5C 标准中有关比较和对比的标准，我们在这方面的尝试一定能使汉语教学更具特色、更加有趣，而且有利于学生的学习和记忆。另外，本篇还将介绍我在汉语成语教学方面的一些方法，抛砖引玉，供大家参考。

第十章
汉字的起源教学设计

　　很多汉字在音、形方面没有直接的关联，只在字形上能表现出些许含义。汉字这方面的特点对于中国人学习语文似乎影响不大，因为学生们在生活中已经见惯了汉字，或多或少将汉字的音、形联系了起来。但是这个特点放到美国的汉语教学中就给汉字教学增加了难度，因为汉字对美国学生来说完全陌生，他们很少接触汉字符号。英语是音和形一致的语言，要让从小习惯了音形一致语言的学生记忆汉字，难度是可想而知的。一些美国汉语教学者主张在初级汉语教学中应尽量少出现汉字而多用拼音，因为这样做能够减轻学生的负担。但是实际上，一旦他们将汉字拼音化，在以后的学习中，学生们就会在很长时间内依附于拼音这根拐杖，并很难最终将这根拐杖去掉。事实上，在整个汉语系统中，拼音并不能完全地表达语言的意义。以拼音为主的汉语教学，虽然简化了学习的内容，但是造成了学生和以汉字为载体的语言的疏远，偏离了汉语学习的关键，人为地延长了学习时间，增加了学习负担。

　　那么，在美国的汉语课堂教学中，学习汉字就没有捷径可走了？经过多年的教学探索，我认为，这个问题的答案是：有。美国学生不但学得好汉字，而且还能写得一手漂亮的汉字。美国学生思维活跃，动手能力强，如果充分发掘汉字的寓意，充满趣味性的汉字也可以得到学生的青睐，成为汉语教学的精华。对美国学生的汉字教学具有以下一些优势：

　　首先，从字义上说，许多汉字描摹自然中事物的形态以表示事物的概念。不用说，美国学生富于想象，一定会乐于探索汉字和自然界的联系。

　　其次，从字形上看，汉字是"画"出来的。美国学生思维活跃，擅长与事物的形状、线条和轮廓打交道。他们极喜欢"画"汉字。

最后，优美的中国书法是汉字的艺术形式，而它和绘画是相通的。不少美国学生擅长绘画，汉字书写也就成了深受他们喜爱的学习活动。

中国人擅长形象思维，喜欢通过描摹事物形态来创造符号。因此，和其他语言的文字不同，汉字是象形字演变而来的。最早的中国文字是甲骨文。这些早在中国商朝便出现的，刻在龟背、兽骨上面的汉字符号通过直接描摹自然界事物的形态来表示事物。甲骨文记载的内容主要是占卜吉凶。关于甲骨文的发现，也有一个有趣的故事。清光绪二十五年（1899 年），在北京任国子监祭酒的王懿荣生病，从中药店买回一剂中药，其中有一味叫"龙骨"。王懿荣见上面刻有字符，倍感惊奇，于是立即命人到药店把有字的龙骨全部买回，开始研究刻在上面的符号。这样，龟甲、兽骨上面的早期符号就成了目前发现的最早的汉字——甲骨文。

汉字的演化过程十分复杂，从古代象形文字到现在通行的汉字，这其中经历了很多变化，不少字由于年代久远，很难辨认。甲骨文的汉字有的十分形象，易于从中辨认起源，有的却太过抽象，难以辨识。汉字文化圈内的不少国家在其历史中的某个时期也使用过汉字和汉字的变体。因此，各国文献记载的汉字演变也各有不同。本书中的汉字起源，有些是参考海外文献，有些是来源于中国古人研究汉字起源的学术典籍。为了让学生们有趣味性地学习汉字，我阅读了不少这类著作，自己创作了一张汉字字形演化表，目的是帮助学生进一步了解汉字的起源，开拓他们的创造性思维。

表 10-1　汉字字形演化表

Pronunciation and Meaning	The Earliest Pictorial Character*	Oracle Bone Script	Seal Script	Traditional Character	Simplified Character	Notes
rén **person**				人	人	This character looks obviously like a walking man.
cóng **follow**				從	从	From the picture we can see the meaning of the character. One person follows the other.

* 早期的图像式字符无据可考，为了方便教学，我自创了一些字形。

（续表）

Pronunci-ation and Meaning	The Earliest Pictorial Charac-ter	Oracle Bone Script	Seal Script	Tradi-tional Char-acter	Sim-plified Char-acter	Notes
zhòng **group, crowd**				眾	众	Do the three people mean anything? Yes, the character with three people together means a group of people. That makes a lot of sense.
rì **sun**				日	日	The first picture is the sun with rays. Later on it becomes a square sun with a line inside to indicate the ray.
yuè **moon**				月	月	This character has not changed a lot from the primitive form to the modern one.
shuǐ **water**				水	水	The first picture is water running in the middle of a stream. The third one shows four side strokes as the bank.
yǔ **rain**				雨	雨	Many drops serve as raindrops. The latest character still keeps the raindrops in the unsealed box, which is the atmosphere. The top line is the heaven.
yún **cloud**				雲	云	The first picture is a piece of cloud from nature. The fourth one describes in detail where a cloud is from.
mù **wood**				木	木	This character shows a trunk to indicate a log with two leafless branches of a tree and dry roots.

（续表）

Pronunci-ation and Meaning	The Earliest Pictorial Character	Oracle Bone Script	Seal Script	Tradi-tional Character	Sim-plified Character	Notes
lín **woods**				林	林	This character is the double of the character 木 to represent woods.
sēn **forest**				森	森	Three logs represent a dense forest with many huge mature trees.
guī **turtle**				龜	龟	The first picture shows the front of a turtle. The later forms show the turtle standing up and showing its profile to us.
niǎo **bird**				鳥	鸟	The bird skeletons clearly show the outline of a perching bird. The complicated form can tell the head and feet and feather of a bird.
zhōng **middle**				中	中	The middle is a target in ancient China. Like the script of the character 日, it becomes a square plus a vertical line cutting the square from the middle.
léi **thunder**				雷	雷	The thunder occurs most in the storm over a stretch of field. The top part of the character is the rain and the lower part is the field.
xiū **rest**				休	休	This character is a sketch of a man leaning against a tree for rest.

（续表）

Pronunciation and Meaning	The Earliest Pictorial Character	Oracle Bone Script	Seal Script	Traditional Character	Simplified Character	Notes
mò **end**				末	末	The character indicates the top of a tree in which the top is marked with a longer horizontal stroke.
shēng **birth**				生	生	The first picture is a piece a newly grown plant coming out of the earth with its first leaves.
gāo **high, tall**				高	高	In ancient China, every city had a city gate which was very high and sturdy like a tower with two or even three wood floors and brick walls.
mǎi **buy**				買	买	This character begins with a fishing net and a seashell. Seashells were used as money in ancient times. The fishing market was very popular at those times.
chū **out**				出	出	This character shows a sprouting seed capsule. The bottom part is the capsule and the top part is the sprout.
yǒu **friend**				友	友	This character is simply indicated by two hands facing the same direction. That is a very figurative way to show friendship.

Pronunci-ation and Meaning	The Earliest Pictorial Charac-ter	Oracle Bone Script	Seal Script	Tradi-tional Char-acter	Sim-plified Char-acter	Notes
mù **eye**				目	目	The primitive form is a sketch picture. The shape of the second character is the exaggerated form of the first one. The modern character still shows the features of an eye.
fū **husband**				夫	夫	The first picture is a man with a hairpin in his hair. In ancient times, when a boy reached the age of 20, he had to bind his hair with a hairpin in a ritual to announce his "grown age" and was allowed to get married and have a family.
zǐ **son**				子	子	This character shows a newborn baby from round and smooth forms to straight, linear strokes.
mǎ **horse**				馬	马	The oracle bone script looks like a horse skeleton. The lines gradually changed into the regular handwriting until the simplified version.
nǚ **woman**				女	女	In ancient China, women's social status was always low. This character shows a woman sitting on her knees.
mǔ **mother**				母	母	The character has the feature of a humble woman with two feeding breasts. Obviously this is a breast-feeding woman and a respected mother.

（续表）

Pronunci-ation and Meaning	The Earliest Pictorial Charac-ter	Oracle Bone Script	Seal Script	Tradi-tional Char-acter	Sim-plified Char-acter	Notes
yú **fish**				魚	鱼	This character is exactly from the picture of a fish. The four dots underneath the fourth character represent the water in which fish live.
ěr **ear**				耳	耳	We can recognize an ear from the oracle bone script. The characters followed show the modern forms.
kǒu **mouth**				口	口	Primitive people always drew a mouth like the first picture. The square mouth is for the sake of handwriting.
bù **step**				步	步	Two footprints make a step. The picture has been simplified into something square to meet the needs of handwriting. The modern character still shows the feature of the original picture.
hǔ **tiger**				虎	虎	The final version of this character shows the abstract lines for the parts of the picture. The head is indicated by ⊢, the body is represented by a symbol like ⌐, and the stripes by ⊏, and legs by ⼉.
xiàng **el-ephant**				象	象	On oracle bones, the symbol of an elephant is a stencil picture whose parts have gradually changed into simple lines.

（续表）

Pronunciation and Meaning	The Earliest Pictorial Character	Oracle Bone Script	Seal Script	Traditional Character	Simplified Character	Notes
jǐng **well**				井	井	There is not much difference between the shape of a real well and the character 井. Most of the Chinese wells have square well openings.
míng **bright**				明	明	It is the combination of the sun and the moon to give the idea of brightness.
niú **cow**				牛	牛	The modern character still shows the features of an ox. It resembles the horns of an ox.
shàng **up, above**				上	上	The ancient form of this character is an object above something, which is indicated by a dot above a curved line. The modern form changes the curved line and the dot into straight lines.
xià **down, below**				下	下	The same as above. The original form shows a dot below a line and the modern form changes the curved line and dot into straight lines.
quǎn **dog**				犬	犬	Like any other animal characters, this character is from a picture of a real home dog. It goes through from the real picture to abstract strokes and then linear strokes character.

（续表）

Pronunci-ation and Meaning	The Earliest Pictorial Charac-ter	Oracle Bone Script	Seal Script	Tradi-tional Char-acter	Sim-plified Char-acter	Notes
chē **vehicle**				車	车	The primitive form is a picture of a vehicle from ancient times. The fourth one is the character simplified from the previous ones and is still in use in some areas in China.
shí **rock**				石	石	This character is the combination of a big rock and a hillside from different perspectives. The latest form shows that the rock is rolling down the hill.
dǐng **cooking vessel**				鼎	鼎	The cooking vessel seems to have two parts. The top part is a container and the lower part is a supporter.
yáng **goat**				羊	羊	This character is from the picture of the head of a goat. The abstract lines delineate the features of the goat, mainly its horns and the nose.
tián **field**				田	田	This character is a plain picture of the field. In China, a farmer usually divides a big field into small square ones for the sake of easy irrigation.
jiā **home, house, family**				家	家	This character consists of a 宀 (roof) and a 豕 (pig). Pigs were very important home property for ancient Chinese, as they provided them with major meat.

（续表）

Pronunciation and Meaning	The Earliest Pictorial Character	Oracle Bone Script	Seal Script	Traditional Character	Simplified Character	Notes
hǎo **good**				好	好	This character has two parts, one being a kneeling woman, the other being a child. A woman holding her baby indicates the concept of a sweet family.
ān **stability, safe**				安	安	This picture shows a woman staying in a house which indicates the concept of peace in ancient China. Women are believed to have the power to stabilize families.
jūn **king**				君	君	The first character shows a hand holding a seal, which is the symbol of power, and a mouth, which gives orders. This man is obviously the chief of a county.
guāng **light**				光	光	The first form of this character shows a bonfire and the bright rays it gives out.
tù **rabbit**				兔	兔	The character is again from the real animal. The four forms of this character show the evolution of the character.
nán **male**				男	男	The character consists of two parts, the upper one being a field and the lower one a man's hand, which works to grow crops in the field.

（续表）

Pronunci-ation and Meaning	The Earliest Pictorial Charac-ter	Oracle Bone Script	Seal Script	Tradi-tional Char-acter	Sim-plified Char-acter	Notes
mén door				門	门	The character shows that the ancient Chinese had folding doors. The simplified form has only the framework of the door.
wèn ask				問	问	Why does the character 问 have something to do with the door? In ancient time, travelers came to people's doorway to ask for direction.
bèi shell, valu-able				貝	贝	Ocean shells in ancient China served as money so the character 贝 means great value. The lines in this character resemble the wrinkles of a real shell.
dà big				大	大	The character shows a martial artist trying to show off his muscles to the public. Although the stick figure has only three strokes, it has the human head and body and four limbs.
xiǎo small				小	小	In contrast with the character 大 , the character 小 is from the shape of a skinny person who is walking weakly.
fēng wind				風	风	The wind is invisible and only felt in the air. The modern simplified character contains the imaginary wind lines.

在汉字起源教学中，教师可以给学生布置一些有趣的、能够充分发挥创造性的班级项目作业。下面提供两例供教师参考。

一、想象构思：汉字演变过程

让学生想象自己是五千年以前的古人，发挥想象，构思已给汉字的四种演变形式（汉字的意思参考英语译文）。教师可先做出示范，也可直接让学生构思自己的汉字演变过程，汉字从古到今的演变应在书写上越来越简单。

表 10-2　汉字演变过程表

Primitive (Maybe Pictures)	Evolution1	Evolution2	Modern	Meaning
			人	person
			日	sun
			月	moon
			手	hand
			水	water
			火	fire
			云	cloud
			电	electricity
			川	river
			山	mountain
			羊	goat
			看	look at
			木	wood
			牛	cow
			风	wind

（续表）

Primitive (Maybe Pictures)	Evolution1	Evolution2	Modern	Meaning
			林	woods
			中	middle
			北	north
			鼠	mouse
			虎	tiger

二、汉字起源

目标要求：

（1）了解汉字的起源、字体演变以及由汉字衍生出来的中国特有的文化现象。

（2）了解汉字书写的基本风格和技巧，了解中国象形字。

能力要求：

学会使用电脑软件编辑加工所收集的内容。

课题时间：

完成该课题需要十个课时，共两周时间。五课时学习生字，包括象形字、书法艺术形式和相关的文化特征，三课时用于研究汉字和学习有关术语，最后两课时收集研究成果，并编辑成册。

学生年级：

该项目作业适合初中学生，对高中学生也同样适用。如针对小学生，教师可对课题做一些修改。

所需材料：

书写纸、彩色铅笔、荧光笔、尺子、胶水等。

活动过程：

（1）分派项目作业的主题

将全班分为几个小组，每个小组分派一个主题，任务都是关于汉字起源的，鼓励学生收集传说和民间故事。以下是供学生参考的题目：

- 汉字的历史
- 描摹动物的汉字
- 描摹大自然的汉字
- 表示人类社会的汉字

（2）规定项目作业的形式

历史组：选择一个主题收集材料：

- 古代中国人记事的方法和目的
- 仓颉和黄帝的传说
- 古人用来书写和刻字的工具和器皿
- 其他民间故事

象形文字组："画"出汉字的 4~5 种演变形式，并完成以下内容：

- 给象形字加上拼音
- 给字义写出英语翻译
- 用电脑进行图像处理（选做）

（3）课堂展示项目作业成果

- 学生在课堂上展示研究成果
- 教师对学生未涉及的重要内容进行补充
- 其余学生对展示内容做笔记

（4）项目成果编辑成册

编写精美的汉字起源小册子，编写时需注意以下几点：

- 用电脑软件设计精美的封面。封面内容按书籍正式出版的标准进行编辑，包括书名、作者、出版社等。
- 设计扉页，内容包括书名、作者、出版社、出版地点等。
- 预留出致谢页，教会学生礼貌和尊重。
- 根据历史组有关汉字起源的课堂展示编写前言内容。
- 目录列表

（5）展示汉字起源小册子

作品可在学校图书馆或陈列窗展出，供其他学生学习，这会使学生充满成就感。

对项目作业的评价：

该项目作业就汉字起源做了详细介绍。刚开始时，学生对汉字起源一无所知，作业完成后，他们认识到学习汉字不仅仅是死记硬背汉字的诸多笔画，更是感悟一种艺术形式。汉字最开始是一种图像式的符号，其书写形式经过几千年的演变，有些至今仍能栩栩如生地反映事物，汉字笔画和字形也有规律可循。该项目作业激发了学生学习中国文化和了解中国人生活方式的兴趣。学生自己动手动脑完成项目作业，发挥想象"创造"出许多汉字的演变形式。由此，学生通过对汉字起源的研究、记录和展示，使自己的汉字记忆能力得到提升。

第十一章
汉语词法给力教学

　　外语教学不仅是语言技能教学，而且是语言知识的教学。不认识到这一点，外语教学一定会事倍功半。学习汉语一定要经过三个步骤：了解语言、练习和掌握语言、应用语言。了解语言是指让学生了解汉语的语言知识，学习汉语的词和句子的结构、特点以及文章结构。练习和掌握语言是指用最简单有效的方法，对所学语言知识进行练习，以达到对知识熟练掌握并牢固记忆的程度。应用语言就是 5C 标准的实现，即能用语言进行交际、理解和学习外国文化、学习其他学科的知识、分析比较各种信息、促进社区和世界的相互了解和理解。让学生了解汉语的结构，最好的方法莫过于和他们的母语进行对比，给力教学（Powering Teaching）就是这样一种利用学习者的母语为学习者创造一个便捷的学习过程的教学方法。这一方法的优点在于：1. 学生不用浪费时间和精力来记忆汉语的术语；2. 学生对语言结构的理解更简单、更彻底；3. 学生对所学内容的记忆更持久、更深刻。在教学实践中，这种给力教学效果显著。

　　汉语的造字和构词方式是描述性的，也就是以事物的特性为造字或构词的基础。在造字方面，汉语造字的"六书"中，绝大多数方法都体现了描述性质。象形字描摹事物的外形，如"日""月""山""水"等。指事字是较为抽象的象形和描摹，如"上"和"下"。会意更是将两个独体字的意义组合起来描述一个新的事物或意义，例如，"日""月"为"明"，"人""言"为"信"。虽然形声字描述事物的程度小些，但是还是可以从形旁看出很多描述的成分，如"湖"。转注字是两个不同的字表达同一个意思，如果我们知道某个字是从哪个字转注而来，就会知道这个字的描述含义。"六书"中的最后一个是假借，就是一个字又被用于另外一个意义，这类字的描述意义很弱。从总体上看，中国的造字法很大程度上就是描述事物的属性。有描述就有视觉和听觉功能，有视觉和听觉功能就有记忆的保持功能。在汉语教学方面，其现实意义就是教师可以用描述的方法让外国学生学习中国汉字。例如，教师可以用构图的方法、猜字谜的方法、视听结合的方法去教汉字，一定会收到良好的教学效果。我们再来看构词方面的描述性。"电话"即为通过电子传送的话，"电邮"是通过电子传送的邮件，"电影"是用电播放的影像，"电脑"是通过电子驱动的"中枢神经"，"电视"是通过电子输送的视频，"电流"是流动的电，"电波"是飘在空中的电子波，"电灯"是用电的照明灯。这种描述性的构词方式要比英语的命名式造词方法方便得多、简单得多，也形象得多。教汉语生词时，教师需要用学生的母语作为媒介语，对生词从构词法方面进行描述和解释，这种以母语为记忆依托的教学方式，可以大幅缩短记忆时间，提高词语教学的效果。

表 11-1　与"电"相关名词汉英对照表

汉语名称	记忆的依托（描述）	字面解释
电话	electronic words = telephone	通过电子传送的话
电邮	electronic mail = e-mail	通过电子传送的邮件
电影	electronic image = movie	用电播放的影像
电脑	electronic brain = computer	通过电子驱动的"中枢神经"
电视	electronic vision = television	通过电子输送的视频
电流	electronic flow = electric current	流动的电
电波	electronic wave = electric wave	飘在空中的电子波
电灯	electronic lamp = electric lamp	用电的照明灯

汉语中，语义相关的词/词组经常含有同一个词素/词，如一星期七天的名称是"星期"加上"一、二、三、四、五、六、日"，而英语中的词，即使在语义上具有相关性，在拼写上也往往是一个个毫无关联的词。这样一对比就显示出汉语构词的逻辑性和合理性。在教学中，汉语仅需学习两个字（"星"和"期"）加上最简单的六个数字和"日"就可以掌握一星期七天的名称。一年十二个月的名称则更加简单，只要掌握一个字（"月"）和十二个数字就能给每个月份命名，而英语却是十二个实实在在的

单词。汉语造词的逻辑性和描述性使汉语的词汇教学得以多样化和趣味化。

表 11-2　星期名称汉英对照表

汉语名称	记忆的依托（描述）	英语翻译
星期一	star period one	Monday
星期二	star period two	Tuesday
星期三	star period three	Wednesday
星期四	star period four	Thursday
星期五	star period five	Friday
星期六	star period six	Saturday
星期日	star period sun	Sunday

表 11-3　月份名称汉英对照表

汉语名称	记忆的依托（描述）	英语翻译
一月	one moon	January
二月	two moon	February
三月	three moon	March
四月	four moon	April
五月	five moon	May
六月	six moon	June
七月	seven moon	July
八月	eight moon	August
九月	nine moon	September
十月	ten moon	October
十一月	eleven moon	November
十二月	twelve moon	December

描述性的词语在汉语中比比皆是。例如"车"字，汉语中绝大多数的车都是以特性来命名的，而英语中各种各样的车的名称却几乎没有规律可循。

表 11-4　与"车"相关名词汉英对照表

汉语名称	记忆的依托（描述）	英语翻译
车	vehicle	vehicle
火车	fire vehicle	train
汽车	gas vehicle	car, motor vehicle
公共汽车	public vehicle	bus
客车	guest vehicle	coach, passenger car
货车	cargo vehicle	truck, semitrailer
出租车	rental vehicle	taxi
面包车	bread vehicle	van
救护车	rescue and nurse vehicle	ambulance
救火车	rescue fire vehicle	fire truck
运输车	transportation vehicle	transport vehicle
洒水车	spray water vehicle	water spraying truck
自行车	self-going vehicle	bike

在英语国家教汉语时，常常会遇到词语无法解释的情况。例如，在看到"我和爸爸妈妈去商店买东西"这个句子时，学生问："老师，'东''西'是方向词，怎么能买方向呢？"汉语中这样的词语很多，类似的问题也有很多，例如："饭桶"的意思是"盛饭的桶"，怎么能和"fathead"联系起来呢？"小学"是"small study"，"中学"是"middle study"，"高中"是"high middle"，怎么能和学校联系起来呢？连每天打招呼的"你好"也有问题。"你好"明明是"you good"，怎么能是英语的"hello"呢？如果老师只用"汉语的'你好'就是英语的'hello'"来解释，那是远

远不够的。那么，汉语的"你"和"好"是什么意思呢？如果我们解释"你"是
"you"，"好"是"good"的话，那它们在一起怎么就成了"hello"？打电话时，汉
语的"喂"又是什么呢？虽然一句"汉语的'你好'就是'hello'"打发了学生的
问题，但是，作为老师，一定要对学生的问题给出更加详细而合理的解释。我在教
学中常常遇到这样的问题："多少"从字面上看，明明是"many and few"或"much
and little"，怎么就变成了"how many"？如果"多"和"少"加在一起变成了一个
疑问词，那么"大小"（big and small）为什么不能成为一个疑问词呢？"week"在
汉语中是"星期"，那么"week"和"period"有什么关系吗？"马上"怎么能说是
"立刻"的意思呢？汉语词语的构成有别于英语，英语词语基本上是纯粹的命名式
造词，而汉语则是运用白描、逻辑推理、比喻、想象，甚至是传说等手法来构词。
因此，汉语的构词理据更有想象空间，更富有弹性。在英语国家教汉语就不得不研
究汉语词汇的构成特点，必须要了解汉语词汇和英语词汇的差异，并利用这种差异
进行汉语词汇教学。其实，学习语言就是在大脑里存储编码，并对其进行提取和应
用的过程。大脑的编码要以外来刺激为内容。刺激越深，编码的内容就越丰富，储
存就越牢固。语言学习的记忆是以语词为内容的逻辑记忆。在汉语词汇教学中，让
学生理解汉语和英语词汇的差异，以形象和功能描述作为手段进行教学，能让学生
在很短的时间内产生最深刻的记忆标记，且能随时将词汇提取出来，这就达到了
最佳的词汇教学效果。例如，我们最熟悉的"早饭""午饭""晚饭"，如果和英语
的"breakfast""lunch""dinner"简单对应，就缺少了中间的解释链，学生的记忆
就成了死记硬背。如果将中间链挂上，把这三个汉语词语先解释成"early meal"、
"middle meal"和"late meal"，学生就有了记忆的对应点，就可以通过常识而不是
死记硬背来记忆汉语词语。下面这些汉语和英语词语对我们来说是那么司空见惯，
可是仔细一想，二者中间却隔了一层："黄瓜"不等于"cucumber"；"南瓜"不等于
"pumpkin"。对此，我们可以通过中间链来实现汉语和英语的对接：

黄瓜 = yellow melon = cucumber

南瓜 = south melon = pumpkin

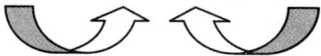

有了这些中间链，学生记忆起来就省劲多了。中间链使英语和汉语有了直接的对应，教师说提示语"yellow melon"，学生就能说出"黄瓜"，这是因为提示语就是中间链，而中间链和英语词语之间有一个视觉形象上的联系。有了一定数量和频率的练习以后，学生要想忘记也不容易。这种练习的方法叫给力记忆法（Power Memorization），我们将这个方法用到句子练习中去更有效。（见第十二章）例如，我想要学生说出"我爸爸最喜欢吃黄瓜"，通过给出中间链句子"My father most likes eat yellow melon"，我能使学生毫无困难地逐字说出目标句，一点儿也不会出差错。

现在回到"你好"的话题上，如果将"你好"以最容易理解的方式教给学生，我会这样解释：汉语的打招呼是"你好"，英语的意思是"you good"，这是中国人祝愿对方好和健康的意思。

你好 = you good = hello

这样的解释能带来奇妙的教学效果：通过建立中间链，教给学生汉语词语和英语词语的差异和联系，学生非但不会误解，而且掌握得十分牢固。但是，这种方法在练习词语时能否奏效，还要看教师能否紧紧抓住汉语和英语的差异和联系，设计出各种各样有趣的活动，例如趣味比赛、给力速答 (Power Answering)、"打电话"游戏、给力翻译 (Power Translation)、"按图索骥"（Power Scavenge Search）、"听口令"等等。通过这些丰富多彩的游戏，学生们很快就能掌握所学的汉语词语。

下面，我分别对八种汉语词语的给力教学做出说明。（限于篇幅，我只列出词语的给力教学方法，成语部分请参看第十三章。）

一、偏正式合成词

汉语的造词能力极强。在汉语中，偏正式合成词很多，其特点是两个具有独立意义的字拼起来，前面的字修饰后面的字，二者构成偏正意义关系。

女人 = female person = woman

男人 = male person = man

女士 = female gentlewoman = lady

男士 = male gentleman = gentleman

年货 = year goods = New Year purchases

高速 = high speed = high speed

公路 = public road = public road

书市 = book market = book market

黄河 = yellow river = Yellow River

贵姓 = honorable surname = surname

水牛 = water buffalo = buffalo

耕牛 = plowing cow = cow

书包 = book bag = schoolbag

书目 = book catalogue = booklist

餐厅 = meal hall = dining hall

二、主谓式合成词

这类词的组成和界定比较简单，从这类词中我们可以清楚地看出其构词方式。这类词中的第一个字在词中为陈述的对象，第二个字是对第一个字的陈述，可以是动词或形容词。例如"地震"一词，"地"是"大地"，是陈述的对象，"震"是"震动"，是对"地"的陈述。两个字连在一起，便是具有主谓关系的词"地震"。这种主谓式合成词还有很多，例如：

面熟 = face familiar = familiar

雪崩 = snow collapse = avalanche

心虚 = heart weak = guilty

耳聋 = ears deaf = deaf

眼花 = eyes blurred = have blurred vision

地震 = earth quake = earthquake

口红 = mouth red = lipstick

性急 = temper impatient = short-tempered

年轻 = year light = young

三、隐喻引申式词

隐喻引申式词最富有文学色彩，这类词常常以隐喻的手法来实现造词的目的，增加了汉语的趣味性。但是，正是由于其隐喻性，这类词也是非常难以解释的。一个典型的例子就是"东西"。"东"指的是东边，"西"指的是西边。可是将两个字合在一起作为名词，便有了"物品"或"事物"的意义了。那么这个词怎么会有这样的意义呢？如果教师不知道它的典故或由来，就很难跟学生们解释了。"东西"这个词，很久以前就在民间流行了。我听到过这么一个故事：东汉时，洛阳城叫做"东京"，长安为"西京"，这两座城市里店铺林立，商贸繁华，老百姓去东京买货物叫"买东"，去西京买货物叫"买西"，这样就产生了"东西"这个表示"货物"的名词。"东西"这个词具有象征意义，究其文化历史，这个词还能跟中国的五行学说联系起来。中国古代有"金、木、水、火、土"五行之说，还有"东、西、南、北、中"五方之说。五行和五方具有对应关系：东方对应"木"，代表植物，如花草树木、蔬菜、庄稼等等；西方对应"金"，代表一切金属矿物，如金、银、铜、铁、锡等等。人们把代表"木"和"金"的两个字——"东"和"西"连在一起，便可以代表世间万物了。另外一个例子是"皮毛"。这个词很好理解：人和动物的皮和毛都生长在人和动物的身体表面，这便使这个词具有了隐喻引申意义——比喻表面、浅显的知识。

再比如"肉麻"这个词，"肉"指的是"皮肉"的"肉"，"麻"是"麻木"的"麻"，整个词的字面意义为"皮肉发麻"，英语译为"flesh numb"。其字面意义通过隐喻的手法，引申为"一个令人几乎不能忍受的过分奉承使接受奉承的人产生一种身体反应"。这个词的英语为"disgusting"、"sickening"和表示身体激烈反应的"nauseating"。

眉目 = eyebrow and eye = prospect of a solution

矛盾 = spear and shield = contradiction

口舌 = mouth and tongue = dispute

骨肉 = bone and flesh = kindred

笔墨 = pen and ink = writing

皮毛 = skin and hair = smattering

肉麻 = flesh numb = disgusting

手足 = hand and foot = brothers

风浪 = wind and wave = hardships

领袖 = collar and sleeve = leader

山水 = mountain and water = scenery with hills and waters

尺寸 = *chi* and *cun* = size

四、同义关系的字组成的词

在汉语中，这种类型的词大量存在，例如，"道路"这个词中，"道"是"路"，"路"也是"道"。将两个同义的字放在一起来加强词语的表现力，是汉语从文言文到白话文进化的特点之一。实际上，单音节的词和双音节的同义字组成的词表达和强调的是同一个意思，但是后者却使语言丰富、多样起来。

领导 = lead and guide = leader

主要 = main and important = main

年龄 = year and age = age

思想 = cerebrate and think = thought

道路 = way and road = road

教授 = teach and instruct = teach

泥土 = mud and soil = earth

语言 = language and speech = language

波浪 = ripple and wave = wave

斗争 = fight and argue = fight

裁判 = verdict and judge = judge

研究 = study and explore = research

帮助 = help and aid = help

选择 = select and choose = choose

停止 = stop and still = stop

鲜艳 = fresh and bright-colored = bright-colored

丰富 = abundant and rich = rich

美丽 = pretty and beautiful = pretty

优良 = excellent and good = good

温柔 = warm and soft = soft

奇怪 = strange and weird = strange

文章 = article and chapter = article

五、反义关系的字组成的词

这一类词比较好理解，就是组成词的两个字意义相反。这类词的意义大都是隐喻类的，因此，这类词和隐喻引申式词具有一定的重合关系。

东西 = east and west = thing

始终 = beginning and ending = throughout

反正 = opposite and front = anyway

开关 = open and shut = switch

动静 = moving and quiet = activity

往来 = go and come = contact

横竖 = horizontal and vertical = anyhow

深浅 = deep and shallow = propriety

买卖 = buy and sell = transaction

是非 = yes and no = right and wrong

高低 = high and low = superiority or inferiority

长短 = long and short = accident

多少 = many and few = how many, how much

六、偏义关系的字组成的词

这类词的特点是在一个主要字的前面或者后面有一个次要字，整个词表达主要字的意义，而次要字则起到加强主要字意义的作用。次要字的意义往往被包含在主要字之中，有时是因为大概念包含小概念，有时则是出于文化需要。例如"窗户"

这个词，"窗"是"window"的意思，而"户"是"door"的意思，含有"出口"之意，而这个"出口"的意义包含在"窗"字之中了；"国家"是"国"的意思，"家"是一个次要字。在中国文化中，"国"是由成千上万个家组成的，出于这种文化需要，"家"的概念便被包含在"国"的大概念之中了。用这类造词方式造的汉语词语为数不少：

号码 = number and size = number

国家 = country and family = country

窗户 = window and door = window

质量 = quality and quantity = quality

人物 = figure and object = figure

干净 = dry and clean = clean

文字 = literature and character = character

生活 = birth and live = live

组织 = organize and weave = organize

树木 = trees and wood = trees

合适 = fit and comfortable = fit

商店 = business and store = store

七、习惯用法类词

这类词可能无法跟学生解释，但从字面上看，似乎也有一定的道理。比如说，只说"小偷"，不说"大偷"，只说"牛脾气"，不说"羊脾气""狗脾气"，等等。这类词语在形成之初都含有一定的比喻义，虽然其中一些现在已无法从字面理解其比喻义了，但人们在长期的使用过程中已形成约定俗成的默契，解释其来源或原因反而很困难。所以暂且用"习惯用法"来解释即可。

小偷 = little thief = thief

牛脾气 = cow temperament = stubborn temper

笨蛋 = foolish egg = idiot

饭桶 = meal bucket = fathead

狗熊 = dog and bear = coward

草包 = straw bag = blockhead

八、地名类词

教地名类词时，可以将其拆成字，然后按字面意义来解释，这样有可能得到很好的教学效果。例如："美国"的"美"是"美丽"的意思，将"美国"解释成"beautiful country"，美国学生一定感到很骄傲；将"中国"解释为"middle kingdom"，能帮助学生更了解中国的历史。

中国 = middle kingdom = China

美国 = beautiful country = America

葡萄牙 = grape's teeth = Portugal

西班牙 = west class teeth = Spain

法国 = law country = France

日本 = the sun and root = Japan

北京 = north capital = Beijing

上海 = up ocean = Shanghai

西安 = west peace = Xi'an

宁波 = peaceful wave = Ningbo

河北 = river north = Hebei

河南 = river south = Henan

湖北 = lake north = Hubei

湖南 = lake south = Hunan

黑龙江 = black dragon river = Heilongjiang

第十二章
汉语句法给力教学

利用母语进行外语教学已经不是新鲜事了，但是，在汉语领域运用英语进行教学却是给力教学的一个创举。我在二十多年的美国中小学汉语教学实践中，总结出一套汉英互惠的给力汉语教学方法，取得了事半功倍的好效果。

语言是思维的工具，教语言首先要研究这个工具。世界上的语言千变万化，却没有脱离用符号传达意义的这个模式。符号可以是书写的、手势的、触摸的和声音的。意义能用不同的符号系统来表现，不同的符号系统所表达的意义基本相同，只是表达的方式有所差异罢了。要让学生学会一套新的符号系统，如果能将学生已经有的符号系统作为基础，那么一定会收到事半功倍的效果。在美国教汉语，首先要熟悉美国人的思维方式。美国人和中国人的思维方式很不同：美国人微观，中国人宏观；美国人逻辑，中国人意会；美国人重数据，中国人重经验。这样的思维差异反映在语言上，便是英语累赘重复，汉语干净利索。如果我们从说英语的学生的角度来看汉语句子，究竟是怎样一种情景呢？在学生学习了汉语词语以后，如果想让学生说出"I went to my grandma's house yesterday to visit my grandma"这个句子的汉语，那么学生会问以下四个问题：

（1）"went"是"go"的过去时，那么汉语的"go"的过去时怎么说？

（2）"went to"的"to"用汉语怎么说？

（3）"to visit"的"to"用汉语怎么说？

（4）"'s"用汉语到底是怎么说的？

要想让学生在脑中很清楚地形成汉语语言结构，而且很顺利地将它们运用在汉语听说读写中，最困难的是汉语句子中的语序和句法。以上四个问题，一般的老师都会回答：

（1）汉语的"go"是"去"，"去"的过去时就是"去"。

（2）这里的"to"不用说。

（3）这里的动词不定式标记"to"不用说。

（4）"'s"不用说。

如果我们是学生，对这样的解释会不会感到一头雾水？我们再来看一下这个句子的汉英对照：

我昨天去外婆家看了我的外婆。

I went to my grandma's house yesterday to visit my grandma.

通过汉英对照，我们能看出以下不同点：

（1）英文的句子时态表达累赘，因为"yesterday"已经表示过去了，再用动词过去时便显得多余。汉语则没有这种多余的时态重复。

（2）英语的"went"是"去"的意思，若要表达"到……去"则要在"went"后面加"to"。汉语则用一个"去"字就能表达这个意思。

（3）动词不定式"to visit"中的"to"在汉语中是不用的。

（4）汉语的时间副词放在句首或主语和谓语之间，而英语时间副词的位置在句子中却很灵活，可以放在前面，也可以放在最后。

将多余成分去掉，将时间副词按汉语的语序放，英语句子就成了汉语式的句子了，我把这个改写过程称为"骨化"，经过骨化的句子是"英语骨化句"或"骨化英语"：

我昨天去外婆家看了我的外婆。

I yesterday go grandma house visit *le* my grandma.

把英语的句子按汉语的语序骨化，将汉语句子的语序完全体现在英语骨化句子里作为了解汉语语法的支撑点、理解点和着力点来练习汉语的听说读写，是给力教学的精髓所在。汉语的给力教学就是运用骨化英语对学生进行汉语语法的教学。现在我们来看怎样用汉语的语法进行英语的骨化。

一、形容词谓语句

表 12-1　形容词谓语句的骨化范例

形容词谓语句	英语骨化句	语法解释
你很好！ S　P	You very good!	汉语的形容词在句子中能直接作谓语，英语的形容词则没有这个语法功能，需要用联系动词来实现谓语的功能。
我很忙。 S　P	I very busy.	
今天的天气很好。 S　　　P	Today's weather very good.	
你的成绩真好！ S　　P	Your score really good!	

以上句子，学生可以利用骨化英语的形式来操练，骨化英语和汉语的语法转换是没有任何困难和障碍的，是一种没有悬念的语法概念的转换。如果有研究语法的学者想用一个专门术语来给这种转换命名，那就是"语法转移"或"迁移"。这个过程在行为主义心理学家看来，就是在学习新知识的过程中，对已有的知识进行自动的潜意识的利用过程。在学习汉语时，对已有的英语知识进行利用，就反映了这种"迁移"的过程。通过骨化英语，学生对汉语的语法点能够形成非常充分的认识。而且，这一学习活动也十分符合美国的新近教学法——学科融合法（Multi-disciplinary Class）。

二、"有"字句

这里介绍两种"有"字句的骨化情况。

1. 表"领有、具有"的"有"字句

表 12-2　表"领有、具有"的"有"字句的骨化范例

"有"字句	英语骨化句	语法解释
我有书包。 S　V　O	I have book bag.	"有"是最常用的动词之一。在正常情况下，它出现在规范的主谓宾句子中，因此相应的英语句子无需很大的骨化。
我姐姐有很多朋友。 S　V　O	My elder sister has very many friends.	
我家有五个人。 S　V　O	My home has five *ge* people.	
她有一只小狗。 S　V　O	She has a *zhi* little dog.	
他们有好喝的可乐。 S　V　O	They have good drinking *de* Coke.	

2．表"存在"的"有"字句

由于表示存在意时，汉语和英语的句子差别很大，在英语骨化过程中，我们不仅要处理那些汉语中不需要的成分，而且还要调整句子的形式。举一个例子，请比较下面的句子：

There are a lot of people on the street.

大街上有很多人。

英语表示存在的是"There be…"句式，这种句式在汉语中是没有的。为了把这类句子骨化成具有汉语语法结构的英语句子，我们不能简单地将句子骨化，还需要转换句式：

（简单骨化句子）There are a lot of people on the big street.

（经过句式转换的句子）big street on has very many people

↓　↓　↓　↓　↓　↓　↓

大　街　上　有　很　多　人。

经过这样的骨化和转换，句子才能符合给力练习的要求，以英语为母语的学生才能深刻理解汉语句子的语法构成。再举一些例子供读者品析：

(1) There are three cups of scented tea and two cups of milk on the table.

Table on have three cup flower tea and two cup cow milk.

桌子 上 有 三 杯 花 茶 和 两 杯 牛 奶。

(2) There are about four thousand students in our school district.

Our school district in have about four thousand student.

我们的 学 区 里 有 近 四 千 学生。

(3) There are some clothes in the closet.

Closet in have some clothes.

柜子 里 有 些 衣服。

(4) There is a little bug on the computer.

Computer on have a *zhi* little bug.

电脑 上 有 一 只 小 虫。

经过这样的骨化和转换，将上面的英语和汉语句子呈现在学生面前，汉语句子的语法结构便一览无遗。如果练习到位，学生说汉语句子时就会脱口而出，非常熟练。至于怎样的练习才能称之为到位，那就因人而异，因具体情况而定，没有一个统一的标准，只要总体目标是学生能脱口而出，无须停顿思考即可。有些学生练习几次就记牢了，有些学生却练了很多次还有问题。但是毫无疑问，在骨化英语的帮助下，练习和记忆一定能得到事半功倍的效果。

三、疑问句

英语疑问句里的虚词很多，更需要骨化和转换。让我们先来看看汉语疑问句的类型。汉语疑问句大致可分为四种：一般疑问句、选择疑问句、特殊疑问句和附加疑问句。给母语为英语的学生介绍疑问句，可以说"很多情况下，汉语的疑问句是陈述句加疑问词"。这句话听起来简单，但是学生理解起来却十分费劲，因为他们很难理解陈述句为何不经过语序变化就变成了疑问句。下面，我分别对一般疑问句、选择疑问句和特殊疑问句进行分析。

1．一般疑问句

总体规则：汉语的一般疑问句是陈述句后加上语气词"吗"，并将句号改成问号。我们先看一个例子：

（陈述句）I want to buy some of these apples.

（疑问句）Do you want to buy any of these apples?

将英语的陈述句和疑问句进行比较，我们看到疑问句中加了一个疑问助词"do"。经过骨化的英语句子和汉语疑问句如下：

You want buy some apples *ma*?

↓　↓　↓　↓　　↓　↓

你　想　买一些　苹果　吗？

陈述句后加上"吗"字变成疑问句，这样的转换为练习汉语的一般疑问句提供了很大便利。在任何时候，只要老师想练习一般疑问句，英语的句子都是现成的，只要在英语陈述句后加上"吗"就可以了。再举一些例子供读者品析：

(1) You are a *ge* student *ma*?

↓　↓↓↓　↓　↓

你　是一个　学生　吗？

(2) He go movie theatre *le ma*?

↓　↓　↓　　↓　↓

他　去　电影　院　了吗？

(3) You mom already buy *le* you like *de* present *ma*?

↓　↓　↓　↓↓↓↓　↓　↓

你　妈妈　已经　买了你喜欢的　礼物　吗？

(4) You tomorrow ride bike go Beijing *ma*?

↓　↓　↓　↓　↓　↓

你　明天　骑　车　去　北京　吗？

(5) This room *de* window glass clean *ma*?

这 房间 的 窗户 玻璃 干净 吗?

(6) Today you eat medicine *le ma*?

今天 你 吃 药 了 吗?

2．选择疑问句

（对主语的选择提问）Are you or is your friend a salesperson?

（对表语的选择提问）Are you or are you not a salesperson?

（对谓语的选择提问）Does he or doesn't he love his girl friend?

（对宾语的选择提问）Does he watch a Chinese movie or an American movie?

将选择疑问句的句子调整成给力练习的句子时，也要像一般疑问句一样进行英语句子的骨化和转换。汉语的选择疑问句一般要用选择连词"还是"将两个选择项连接起来，有时也可以把谓语的肯定和否定形式并列在一起作为选择的项目[1]。下面我们来看几个英语句子的骨化示例：

（对主语的选择提问）You or your friend is salesperson?

你还是你的朋友 是 售货员?

（对谓语的选择提问）He loves or not loves his girl friend?

他 喜欢还是不喜欢他的女 朋友?

（对宾语的选择提问）He watches Chinese movie or American movie?

他 看 中国 电影还是 美国 电影?

我们再看几个将谓语的肯定和否定形式并列在一起的选择疑问句的例子：

(1) You today swim not swim?

你 今天 游 不 游泳?

107

（2）He is not is your boy friend?

↓ ↓ ↓ ↓ ↓ ↓

他 是 不 是你的 男 朋友？

（3）We can not can get that opportunity?

↓ ↓ ↓ ↓ ↓ ↓

我们能 不 能得到那个 机会？

（4）Sky at not at raining?

↓ ↓ ↓ ↓

天 在 不在 下雨？

（5）Yesterday cold not cold?

↓ ↓ ↓ ↓

昨天 冷 不 冷？

3.特殊疑问句

一般情况下，汉语的特殊疑问句和陈述句相比语序不变，只要用特殊疑问词替代句子中被提问的部分即可。特殊疑问词可以询问句子中的任何成分：

昨天 你姐姐和我 乘公共汽车去乡下办事。

（状语）（主语）　　　　（联合谓语）

乘　　公共汽车　去　乡下　办　事。

（动词₁）（宾语₁）（动词₂）（宾语₂）（动词₃）（宾语₃）

（1）对状语提问，可用"哪一天""什么时候""何时"等疑问词，例如：

哪一天你姐姐和我乘公共汽车去乡下办事？

（2）对主语提问，可用"谁""什么人""何人"等疑问词，例如：

昨天谁乘公共汽车去乡下办事？

（3）对联合谓语提问，可用"做什么""干什么"等疑问词，例如：

昨天你姐姐和我做了什么？

（4）对联合谓语的宾语提问，可用"什么""哪里"等疑问词，例如：

昨天你姐姐和我乘什么去哪里办什么？

以上句子说明了汉语特殊疑问句的简单之处，但是英语疑问句却没有那么简单了。以 wh- 为代表的疑问词，除了 who 以外，都需要变化句子的语序，而且还要加上辅助疑问的辅助词。例如：

Yesterday your elder sister and I took the bus to go to the country to get things done.

如果要问怎么样去乡下（how），语序就要变动，并且添加辅助词：

Yesterday how did your elder sister and I go to the country to get things done?

这时，如果我们想借助英语去练习汉语的疑问句，首先就要对英语的问句进行骨化和转换，将上面的句子骨化成下面的句子：

Yesterday you elder sister and I how go country get things done?

昨天　你　姐姐　和我怎样去　乡下　办　事？

再举一些例子供读者品析：

（1）You everyday what o'clock get up? (when)

你　每天　什么　时间　起床？

（2）You everyday all have what classes? (what)

你　每天　都　有　什么　课？

（3）You from where come? (where)

你　从　哪儿　来？

（4）You everyday how go school? (how)

你　每天　怎样去　学校？

（5）Everyday evening you often often do what? (what)

每天　晚上　你　常　常　做　什么？

（6）Please ask, you want what? (what)

请　问，你　想要　什么？

（7）Chinese people best like drink what tea? (what)

中国　人　最喜欢　喝　什么　茶？

（8）You call what name? (what)

你　叫　什么　名字？

（9）Tomorrow who give you teaching lesson? (who)

明天　谁　给　你　上　课？

（10）We back go do what *ne*? (what)

我们　回　去　做什么　呢？

（11）You just at* reading what book *ne*? (what)

你　正　在　读　什么　书　呢？

（12）You want sell much little* money? (how much)

你　想　卖　多　少　钱？

（13）You tomorrow which o'clock which minute* arrive school? (when)

你　明天　几　点　几　分　到　学校？

（14）You tomorrow what time arrive school? (when)

你　明天　什么时间　到　学校？

（15）You go there do what? (what)

你　去那里　做什么？

(16) He for what must go? (why)

他 为 什么 一定 去?

(17) She how finish *le* her homework? (how)

她 怎样 完成 了她的 作业?

(18) We for whom hard study? (for whom)

我们为 谁 努力 学习?

(19) You go what place *le*? (where)

你 去 什么地方 了?

(20) My friend, my book bag looks up go* how? (how)

我的朋友,我的 书 包 看 上 去 怎么样?

(注:"just at"代表进行时态的副词"正在";"much little"是"多少"的直译;"which o'clock which minute"是"几点几分"的直译;"looks up go"是"看上去"的直译。这些给力词应该在练习前学生们就都熟悉了。)

四、语序调整

语序调整其实是用骨化英语进行汉语教学的最重要的一项内容。因为语言千变万化,所以骨化英语也是千变万化的。虽然如此,这其中还是有规律可循的。下面我列出几条,老师们也可以自己去发现更多规律。

规律一:汉语的时间状语和地点状语一般都在句首或主语和谓语之间,所以在骨化英语句子时,也要将状语移到相应的位置。例如:

（1）She lost her purse at the classroom yesterday.

Yesterday she at classroom inside lost *le* purse.

昨天　她在　教室　里　丢了钱包。

（2）The boy will turn in homework in ten days.

Boy ten days after turn in home work.

男孩十　天　以后　交　家庭 作业。

规律二：汉语和英语中，方向词和参照物（如下面例 1 中的"kitchen"）的前后位置关系正好相反。例如：

（1）The dining room is on the left side of the kitchen.

Dining room at kitchen's left side.

餐厅　在厨房 的左 边。

（2）The bedroom is on the right side of the guest room.

Bedroom at guest room's right side.

卧室　在　客厅　的右　边。

（3）The books on the table are all father's.

Table on *de* book all are father's.

桌 上 的 书　都是 爸爸 的。

规律三："以前"和"以后"总是在时间的后面。例如：

（1）After five years, she has already become a big girl.

Five years after, she already become big girl *le*.

五 年 以后，她 已经　变成　大姑娘了。

（2）After class, he still speaks Chinese with us.

Class after, he still with us together speaks Chinese.

课　后，他　还　跟我们　一起　　说　　汉语。

规律四：时间从句"……的时候"可以用"when"表示，它的位置在从句的最后。例如：

（1）When you went to her home, what she was doing?

You went her home when, she at do what?

你　去　她　家的时候，她　在　做　什么？

（2）When they visited you, you were watching TV.

They come see you when,　you at watch TV.

他们　来　看　你的时候，你　在　看　电视。

（3）When I left home, my elder brother was putting on his jacket.

I　left　home when,　my elder brother at wear jacket.

我　离开　家的时候，我的　哥哥　　在　穿　夹克衫。

五、疑问和释疑

有些老师担心对英语进行这样的转换和骨化后，学生们会不理解英语的句子了。我的经验表明，学生不但不会对自己的语言产生误解，反而通过对英语的骨化，加深了他们对英语的理解，对汉语句子也更加熟悉，能够随口说出，久而久之，他们在口语表达和书面表达方面就会有很大的进步。俗话说，熟能生巧，骨化英语让他们对汉语迅速反应，迅速表达，在听说读写任何一个方面，都有利于他们的熟练掌握。然而运用骨化英语教学对教师的要求却很高：教师要能熟练运用英、汉两种语言。不仅如此，教师还需要对两种语言的文化背景有极为丰富的知识，并能为学生做出深入浅出的解释，请看下面的例句：

I already drink *guo* this bowl soup, very good drink. You want drink *ma*?

↓　↓　↓　↓　↓　↓　↓　↓　↓　↓　↓　↓　↓

我　早就　喝　过　这　碗　汤，很　好　喝。你　想　喝　吗？

上面这个句子中有几个点需要注意：

（1）"过"是表过去时的动态助词。在动词后面有"过"字，这个动词所在的句子就是过去时态，英语就要进行动词屈折变化（verb conjugation）。这在语法课上已经给学生讲清楚了。

（2）美国人说"吃汤"（eat soup），而中国人说"喝汤"，因为美国人的汤不像中国人的汤那么稀。中国人的汤以水为多，而美国的汤就像中国的羹，较为浓稠。像这种用词上的文化差异，作为常识，一定要讲清楚。

（3）骨化句中被剔去的虚词或小词对于他们不会产生很大的理解困难，因为他们已经对本国语言十分熟悉。再让他们将骨化英语翻译成规范英语的时候，这些小词自然会复原。

（4）为了保证他们对汉语语句的正确理解，老师可以加一个将骨化英语译成规范英语的练习，这就避免了学生对骨化英语可能产生的误解。另外，在将骨化英语译成规范英语的同时，他们又将汉语的句子特点复习了一遍，这是一举多得的事情。

---

1. 把谓语的肯定和否定形式并列在一起作为选择项目的问句，在朱德熙先生的《语法讲义》里，被视作一种特殊的选择问句，归入选择问里。而在黄伯荣、廖序东先生的《现代汉语》里，则把这种问句从选择问句中单分出来，称之为"正反问句"，和是非问句、选择问句、特指问句三种问句并列，作为疑问句的四种类别之一。这里，我们采用的是朱德熙先生的分类方法。

第十三章
汉语成语教学

　　汉语成语大多具有生动有趣、寓意丰富、言简意赅的特点。汉语中有很多跟数字有关的成语。例如：由"一""五""十"三个数字组成的成语"一五一十"表示"详尽没有遗漏"的意思，来源于数数时以五为单位——一五，一十，十五，二十……；"七上八下"源自中国古代四大名著之一《水浒传》的句子："那胡正卿心头十五个吊桶打水，七上八下。"另外一类成语跟动物有关，比如："鹤立鸡群"形象地突出了鸡群中鹤的高大，由此比喻一个人的才能或仪表在一群人里显得很突出；"虎头蛇尾"比喻做事开始劲头很大，到后来就泄劲了，不能善始善终。还有一些成语来源于历史故事、神话传说或经典名言，内涵精深，富有哲理。"狐假虎威"就是个典型的例子，指凭借别人的威势来吓唬或欺压他人。"自相矛盾"也是一个很好的例子。除了上述类别的成语以外，还有跟植物、自然或人体等有关的成语，这里不一一赘述。

　　成语课程一般在中文高级班开设，但初级班的课程中，学生也会初步接触到成语。对初学者，教师应先介绍通俗有趣的常用成语，这些内容更容易为学生们理解和运用。每周教几个成语并让学生在日常对话中运用，对提高学生的汉语水平大有裨益。例如，"口是心非"的意思是说出来的话和心里想的不一致，我们可以说"爸爸总说女人都是口是心非的人"。这些句子生动有趣，教起来容易，学起来好玩儿。在课堂上，教师甚至可以让学生用成语造句，以测试学生掌握成语的程度。下面列出一些不同类别的成语以及它们字面上的翻译，供读者品析[1]：

一、跟数字有关的成语

半 half

半信半疑　　　　　　　　　half believe half doubt

半斤八两	half *jin* and eight *liang*

一 one

一五一十	one five one ten
一草一木	one grass one wood
一箭双雕	one arrow two birds
一穷二白	one poverty two white
一日千里	one day thousand miles
一步登天	one step reaching the heaven
一呼百应	one call a hundred responses
一朝一夕	one morning one evening
一生一世	one life one world
杀一儆百	kill one warn a hundred

二 two

两面三刀	two faces three knives
两小无猜	two small without guess
两袖清风	two sleeves clear wind

三 three

三长两短	three long two short
三心二意	three hearts two ideas
低三下四	low three down four
丢三落四	lose three drop four
朝三暮四	morning three evening four

四 four

四面八方	four dimensions eight directions
四分五裂	four divisions five breaks
四海为家	four oceans for home

五 five

五湖四海	five lakes four oceans
五花八门	five flowers eight doors

五光十色   five light ten colors

六 six

六亲不认   six relatives no recognition

六神无主   six gods no lords

七 seven

七零八落   seven zeros eight falls

七上八下   seven up eight down

七手八脚   seven hands eight feet

七嘴八舌   seven mouths eight tongues

乱七八糟   chaos seven eight dregs

八 eight

八面玲珑   eight dimensions exquisite

八仙过海   eight immortals crossing the ocean

九 nine

九霄云外   nine heavens outside cloud

九九归一   nine nine coming into one

九牛一毛   nine cows one hair

九牛二虎之力   nine oxen two tigers' power

九死一生   nine deaths one survival

十 ten

十全十美   ten perfect ten beautiful

十指连心   ten fingers connecting the heart

百 hundred

百花齐放   hundred flowers together bloom

百年大计   hundred years big plan

百战百胜   hundred fights hundred victories

百听不厌   hundred listening not bored

百思不得其解   hundred thoughts can not get the solution

千 thousand

千山万水	thousand mountains ten thousand waters
千军万马	thousand armies ten thousand horses
千秋万代	thousand autumns ten thousand generations
千变万化	thousand changes ten thousand variations
千方百计	thousand ways hundred strategies
千篇一律	thousand articles one pattern

万 ten thousand

万事如意	ten thousand things being gratifying
万无一失	ten thousand without one loss
万紫千红	ten thousand purple one thousand red
万人空巷	ten thousand people empty streets
万众一心	ten thousand people one heart

二、跟动物有关的成语

龙飞凤舞	dragon fly phoenix dance
打草惊蛇	beat grass alarm snake
过街老鼠	across street mouse
虎背熊腰	tiger back bear waist
虎头蛇尾	tiger head snake tail
狐假虎威	fox borrow tiger's power
放虎归山	set free tiger back to mountains
指鹿为马	point deer as horse
鬼哭狼嚎	ghost cry wolf howl
狼心狗肺	wolf heart dog lung
骑虎难下	ride tiger hard to get off
如虎添翼	like tiger adding wings
如狼似虎	like wolf as tiger
如鱼得水	like fish getting water

快马加鞭	fast horse add whips
杀鸡取卵	kill hen take eggs
画蛇添足	draw snake add feet
对牛弹琴	to a cow play guqin
飞蛾投火	flying moth darting into fire
鹤立鸡群	crane stand in chicken flock
鸡鸣狗盗	chicken crow dog steal
鸡犬不宁	chicken and dog not peaceful

三、跟植物有关的成语

花好月圆	flower good moon round
斩草除根	cut weeds eradicate roots
拔苗助长	pull up seedling help growing
望梅止渴	watch plum stop thirst
豆蔻年华	cardamom years
煮豆燃萁	cook beans burn beanstalk
根深蒂固	root deep stem strong
瓜熟蒂落	melon ripe stem fall
守株待兔	keep watch tree await rabbit
走马观花	walk horse look at flower
黄粱美梦	yellow millet beautiful dream
指桑骂槐	point mulberry scold locust
只见树木，不见森林	only see trees not see forest

四、跟自然有关的成语

惊天动地	surprise heaven move earth
谢天谢地	thank heaven thank earth
暗无天日	dark without heaven sun
天长地久	heaven long earth forever

天高地厚	heaven high earth thick
天南地北	heaven south earth north
天衣无缝	heaven clothes without seams
天昏地暗	heaven dim earth dark
花天酒地	flower heaven wine earth
高山流水	high mountain running water
山高水长	mountain high water long
山盟海誓	mountain oath ocean pledge
山珍海味	mountain treasure ocean taste
愚公移山	foolish old man moving mountain
血雨腥风	blood rain bloody wind
和风细雨	harmonious wind thin rain
风调雨顺	wind harmonious rain smooth
枪林弹雨	gun forest bullet rain
满城风雨	full city wind and rain
水火无情	water and fire having no mercy
滴水穿石	dripping water penetrating stone
水深火热	water deep fire hot
冷若冰霜	cold as icy frost
饮水思源	drink water think about source

五、跟人体有关的成语

头重脚轻	head heavy foot light
抛头露面	throw head expose face
心明眼亮	heart transparent eyes bright
心无二用	heart without second use
心直口快	heart straight mouth quick
心平气和	heart peaceful breath mild
同心同德	same heart same virtue

全心全意	whole heart whole intention
扬眉吐气	raise brows spit air
耳聪目明	ears smart eyes bright
掩耳盗铃	cover ears steal bell
洗耳恭听	wash ears respectfully listen
异口同声	different mouths same voice
口口声声	mouth mouth voice voice
口蜜腹剑	mouth honey abdomen sword
口是心非	mouth yes heart no
良药苦口	good medicine bitter mouth
苦口婆心	bitter mouth granny heart
血口喷人	blood mouth spitting people
鼻青脸肿	nose bruised face swollen
肝脑涂地	liver and brain painting land
赤胆忠心	red gallbladder loyal heart

六、成语教学游戏

1. 成语十字游戏

根据中间的汉字写出四个成语，两个成语的最后一个字是"一"，另外两个第一个字是"一"。如下：

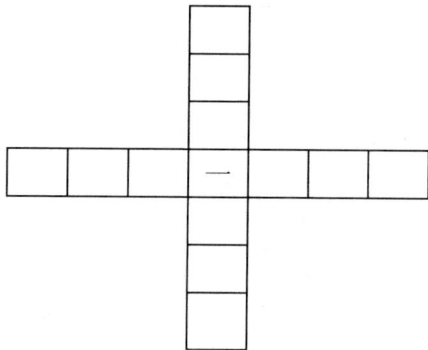

答案：

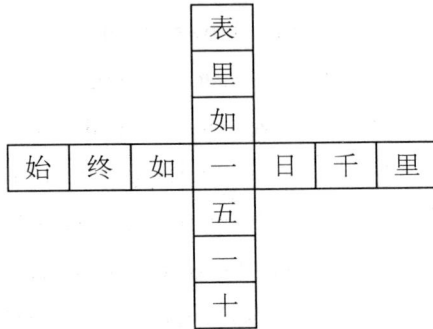

2．成语星星游戏

星星的模式可以变化，五角、六角、七角、八角均可。下图为六角星模式，星星正中是个"心"字，说明要写出六个带有"心"字的成语，其中三个以"心"字开头，三个以"心"字收尾。如果这个游戏对学生来说过难，可以放宽要求，以"心"字开头还是结尾不做限制。

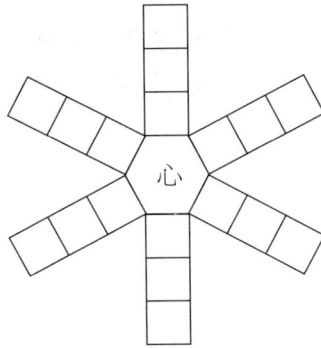

答案：

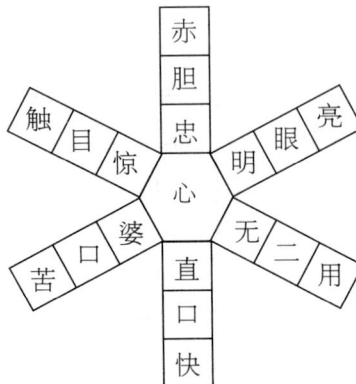

3．成语辨认游戏

从下表中辨认出所有的成语的字面翻译，说出这些成语，表中的内容可重复使用。

one	five	oceans	ten
grass	lakes	heart	perfect
wood	four	idea	beautiful

答案：

1．一五一十　2．一草一木　3．五湖四海　4．一心一意　5．十全十美

4．成语纵横字谜

成语是填字游戏的极佳素材。这个游戏跟常规纵横字谜一样，只是要求在方格中填上成语。由于学生的成语积累量有限，所以应该选择已经学过而且通俗易懂的成语，并给出适当的提示。

成语纵横字谜的设计方式可以多种多样，下面一例是给出成语中共有的汉字，让学生填写其他部分。

答案：

		放		
	如	虎	添	翼
	叶	■	归	
愚	公	移	山	
	好			
龙	飞	凤	舞	
	禽			
走	南	闯	北	
兽		荡		
		江		
		湖		

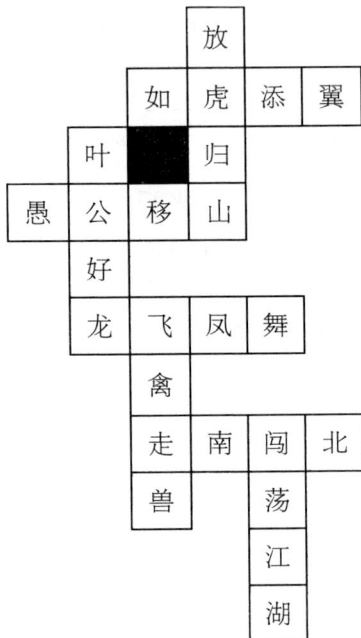

5. 用汉字组合成语

这个游戏适合成语积累较多的高年级学生，即便如此，学生们也往往要进行多次尝试才能完成。因此，建议教师根据学生的语言水平，允许其使用成语词典。下面的例子要求学生利用所给汉字组合出 13 个成语，汉字可重复使用：

一 两 三 四 五 六 七 八 九 百 千 万 应 计 心 方 听 厌 归
分 呼 不 主 亲 裂 失 脚 夕 面 刀 认 手 神 朝 上 众 下 无

答案：

1. 一呼百应	2. 一朝一夕	3. 两面三刀
4. 四分五裂	5. 六亲不认	6. 六神无主
7. 七手八脚	8. 七上八下	9. 九九归一
10. 百听不厌	11. 千方百计	12. 万无一失
13. 万众一心		

6．看图猜成语

该游戏是通过看图识成语来达到加深记忆的目的。有些成语很容易通过图像来识记，例如"如虎添翼、龙飞凤舞、单枪匹马、过街老鼠、滴水穿石、一箭双雕、杀鸡取卵、七手八脚、画蛇添足、骑虎难下"等。有一款手机游戏叫"看图猜成语"，可以作为本游戏现成的材料。

图 13-1 "看图猜成语"手机游戏界面

---

1. 本章中有的成语的字面翻译不等于成语本身的意义，仅供讲解参考。

课堂教学游戏篇

美国学生学习汉语的热情和动机绝大部分来自兴趣。活动和游戏就是通过"动"来让学生学习，因而深受他们欢迎。在当今时代，除了较深的汉语造诣，汉语教师还必须掌握多种技能和才艺，主要是设计活动和游戏的技能以及音乐、美术方面的才艺。设计活动和游戏时，要以课程为内容，以最有趣的游戏活动为方式来完成教学任务。值得一提的是，在设计时，一定要有创造性。中国人崇古，总是认为在《说文解字》等权威著作中没有提到的内容，在课堂上就不能乱说乱造，可是在美国却完全不是这么回事。美国人认为，老祖宗的解释可能已经过时了，不能反映最新发展，所以他们主张在原有的基础上发展出全新的理论和实践。对他们来说，没有什么东西是不能挑战、不能创新的。例如，《说文解字》中对"国"的解释为："邦也。从口从或。"这对于简化的"国"字，怎么能解释得了呢？对此，我的解释是：以前，每个国家都有一个国王，国王的膝盖上坐着一个美丽的王后。为什么这样说呢？国字框代表一个国家的国界，"王"代表国王，坐在国家的中央。"王"的"膝盖"上加上一个点就是"玉"，王后很漂亮，漂亮得就像一块宝玉。经过这样一解释，学生不仅学会了"国"字，还复习巩固了"王"和"玉"两个字。本篇介绍美国流行的各种课堂游戏和活动，给老师们提供一些可借鉴的经验。希望老师们能从中得到启发，创造出更多游戏和活动以丰富我们的汉语教学。

第十四章
汉语宾果游戏

一、游戏简介

宾果游戏在教学方面应用较早，早在 19 世纪 50 年代，该游戏就被用于儿童乘法表教学，后来又用于包括语言拼写、动物认读和历史学习等方面的教学活动中，其目的在于使学生的学习活动变得生动有趣。在当今美国的中小学教学中，宾果游戏作为一种教学手段，应用十分广泛。宾果游戏也非常适合于汉语教学，它可以从各个方面帮助学生学习汉语，如汉字识记、语法和拼音练习等。在宾果游戏板的网格中可设计任何内容，无论教师的教学目的是巩固复习旧词还是学习新词，或是就某一问题展开深入探讨，宾果游戏都能派上用场。本章将对宾果游戏做详细介绍，并列举几种适用于汉语教学的宾果游戏示例，供汉语教师参考。

二、游戏适用范围

人数不限，全班同学可以集体进行，也可以分小组进行，教师均可灵活掌握。内容任意，教师可以根据教学目的，任意设计游戏内容。普通的宾果游戏能提供很多种类的练习。例如，在空格中填上汉字词语，教师说出拼音或英语翻译，学生听出这些词语并将它们标记出来。也可以将图片放到格子里，教师说出图片的汉语名称，让学生将词语的图片和发音联系起来。此外，还可以利用这种游戏练习语法。

三、游戏材料准备

1．正方形的空白宾果板

常见的尺寸有 3×3（9 格）和 5×5（25 格）。当然，在实际的汉语教学中，如果 9 格或 25 格不够用，我们也可以设计出 7×7（49 格）的宾果板，这取决于游戏的内容。在各种格式的宾果板中，5×5 格式是最常用的，7×7 格式能够练习的汉字或词语最多，能达到 49 个。

3×3 宾果板：

3×3 宾果板主要用于练习汉字、词语或简单的句子。由于容量小，内容也相对容易，学生得到正确答案的可能性也较大，因此非常适合初学者和小学生使用。

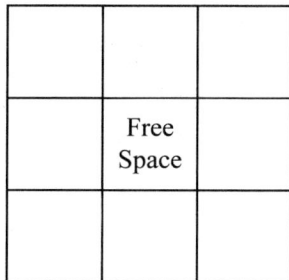

图 14-1　3×3（9 格）宾果板

5×5 宾果板：

5×5 宾果板共有 25 个方格，学生完成 25 个方格的字词或句子需要花费较长时间。教师宣读练习内容的时间越长，学生练习所需的时间就越长。这种形式的宾果板适合练习某一个主题的词汇，如家庭、学校、食物、运动、动物等。

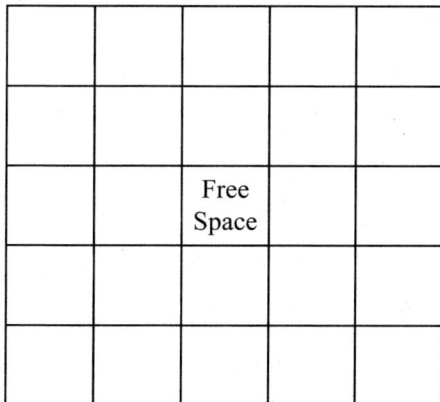

图 14-2　5×5（25 格）宾果板

7×7 宾果板：

7×7 宾果板共有 49 个方格。完成这种尺寸的宾果游戏板需要花费更长时间，因此这种形式不常用于课堂练习活动，但如有大量词语难以记忆，也可考虑采用此形式。一般来说，7×7宾果板适合用于班级竞赛活动。

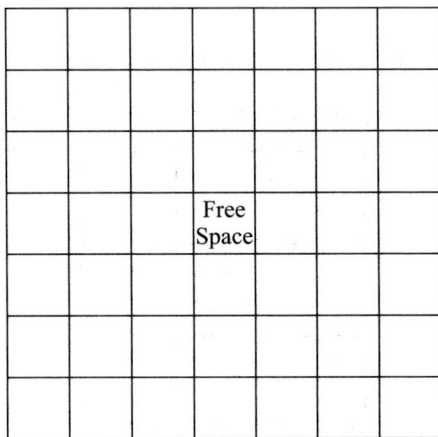

图 14-3   7×7（49 格）宾果板

2．彩色纸片

用于在宾果板上做标记。也可以用其他有颜色的物品代替。

四、游戏操作步骤

最常见的汉语宾果游戏是在方格内填入汉字或词语。下面是一个学习汉字的全班活动，我们以 3×3 的宾果板为例，详细介绍游戏操作步骤。

步骤一：教师将宾果板发给学生。

步骤二：教师将要练习的内容写在黑板上，要求学生填入宾果板的网格中。

步骤三：教师读出汉字的拼音或英文翻译，学生边听边在宾果板上寻找对应的汉字，找到后就用彩色纸片在该网格上做一个记号。横排、竖排或斜排的三个网格都做上了记号就可以连成一条直线。最先连成直线的学生可大声叫出"宾果"。中间的 Free Space，学生可自由填入同一主题的汉字。

步骤四：全班一起检查该学生的答案。如果答案正确，则该学生得宾果。如果不正确，则继续玩，第二个正确连成直线的学生得宾果，依此类推。

步骤五：完成第一个宾果后，保留记号，大家继续下一回合的游戏，找第二个、第三个宾果，直到网格中的汉字全部被练到，每个宾果都被找出，游戏才结束。

步骤六：教师统计班上学生的宾果数，得到宾果最多的学生获胜。

步骤七：教师为获胜学生颁发奖品。

五、游戏注意事项

1. 学生最终能完成多少个宾果取决于宾果板的大小。宾果板越大，找出全部宾果的难度越大，每个回合需要花费的时间也就越长，得到宾果的学生人数就越少。

2. 为了确认学生的答案是否正确，在计分、奖励之前，教师应让学生用汉语或英语大声读出该行或者该列网格中的内容，这也能帮助其他学生更加牢固地记住这些词语。

3. 获胜学生的奖品可以是带有汉字的贴纸、徽章，或者是幸运饼干之类的小点心等等。

六、游戏示例

利用宾果游戏学习语言的一大优势在于，教师可根据学生的语言水平设计不同的宾果板。通过让学生根据教师的指示在宾果板上找出对应的汉字，可以帮助学生从音、形、义相结合的方面更加牢固地掌握汉字。下面分别是供教师使用的宾果板和供学生使用的宾果板示例。

liǎn face	tuǐ leg	máo hair	xiě blood	zhǐ toe
jǐng neck	xiōng breast	gǔ bone	chún lip	pí skin
zuǐ mouth	ěr ear	Free Space	zhǒu elbow	tóu head
yǎn eye	méi eyebrow	zhǐ finger	shé tongue	jiān shoulder
jiǎo foot	shǒu hand	nǎo brain	fà head hair	bí nose

图 14-4　供教师使用的宾果板（身体类）

教师要读出宾果板中的拼音或翻译，供学生在学生用宾果板上找到对应的汉字。

脸	腿	毛	血	趾
颈	胸	骨	唇	皮
嘴	耳	Free Space	肘	头
眼	眉	指	舌	肩
脚	手	脑	发	鼻

图 14-5　供学生使用的宾果板（身体类）

学生要根据教师读出的拼音或英文翻译，找出对应的汉字。中间的 Free Space 可随意填写同一主题的汉字。

下面再提供两种不同的宾果游戏示例。

1. 词语宾果游戏

在多数情况下，两个或两个以上汉字组成的词语练习更为常见。同一个汉字在不同词语中的意义可能会有所不同，所以词语宾果游戏就练习效果来说是汉字宾果游戏的两倍。下面是词语宾果游戏示例：

video game	electric heat	power plant	elevator	radio station
telecommunications	e-mail	movie	electric current	battery
refrigerator	electric meter	Free Space	flashlight	electric bell
telegraphic transfer	trolley bus	electric wire	telephone	test pencil
electrical appliance	computer	bulb	electric lamp	telegram

图 14-6　词语宾果游戏供教师使用的宾果板

电子游戏	电热	电厂	电梯	电台
电信	电邮	电影	电流	电池
电冰箱	电表	Free Space	电筒	电铃
电汇	电车	电线	电话	电笔
电器	电脑	电灯泡	电灯	电报

图 14-7　词语宾果游戏供学生使用的宾果板

2．图片宾果游戏

由于具有很强的视觉冲击力，与其他形式的宾果游戏相比，图片宾果游戏更能激发学生的兴趣。由于图片能直观地呈现词语的意义，学生的记忆会更加深刻，练习会更有效果。图片宾果游戏唯一的缺点是教师需要准备很多图片来完成宾果板的设计，工作量较大、费时较多。

在一次高中汉语教学的课堂活动中，我曾经选用了下面的宾果游戏：由一个学生担任老师的角色大声念出图中的食物和饮料名称，全班学生根据"老师"的指示找出对应的图片。经过几次反复的练习，学生们在自动售货机上买饮料时竟然可以说出相应的汉语了。

xīguā 西瓜 watermelon	niúròu 牛肉 beef	chá 茶 tea	shālā 沙拉 salad	miànbāo 面包 bread
kělè 可乐 Coke	píngguǒ 苹果 apple	xiāngcháng 香肠 sausage	yùmǐ 玉米 corn	cǎoméi 草莓 strawberry
jiān dàn 煎蛋 fried egg	júzi zhī 橘子汁 orange juice	Free Space	mǐfàn 米饭 rice	dòuzi 豆子 beans
règǒu 热狗 hot dog	pútao 葡萄 grape	bǐsàbǐng 比萨饼 pizza	xīhóngshì 西红柿 tomato	bǐnggān 饼干 biscuit
táozi 桃子 peach	bīngjīlíng 冰激凌 ice cream	hànbǎobāo 汉堡包 hamburger	xiāngjiāo 香蕉 banana	kāfēi 咖啡 coffee

图 14-8　图片宾果游戏供教师使用的宾果板

图 14-9　图片宾果游戏供学生使用的宾果板

第十五章
汉语纵横字谜

美国字谜，也叫纵横字谜、纵横填字游戏，广泛应用于美国中小学的各门学科教学中。汉字有三个基本要素：形、音、义。对美国学生来说，学习汉字的最大难点在于汉字的字形和发音之间基本上没有直接联系，因此在识记时只能依赖机械记忆。在汉语课堂教学中运用纵横字谜，能够帮助学生加强对汉字形、音、义联系的理解，因此能巧妙地帮助学生克服汉字识记的困难。此外，美国学生自幼通晓这种游戏，乐于做这样的游戏，设计填字游戏和解谜对他们来说都很简单。游戏设计的关键在于内容提示。

一、汉语纵横字谜种类

1. 根据汉语词语及英语填拼音[1]

这种填字游戏最为轻松简单。教师发给学生一张纸，上面是空白的纵横字谜表，下面是与之对应的汉语词语及英语释义，学生需要在字谜表的空格内填入拼音。如果是新学词语，学生可以查阅词汇表，找到与词语对应的汉语拼音，先填入汉语词语及英语释义旁边的"拼音"一栏中，再填入字谜表中相应的空格内。一旦学生找到与汉语词语相对应的汉语拼音，填写纵横字谜表就轻而易举了。拼音栏右边的"抄写词语"一栏，要求学生将词语抄写几遍，以帮助学生加深对字形的记忆。由于该活动具有练习形、音、义的三种功能，所以被称作"三功能"游戏活动。

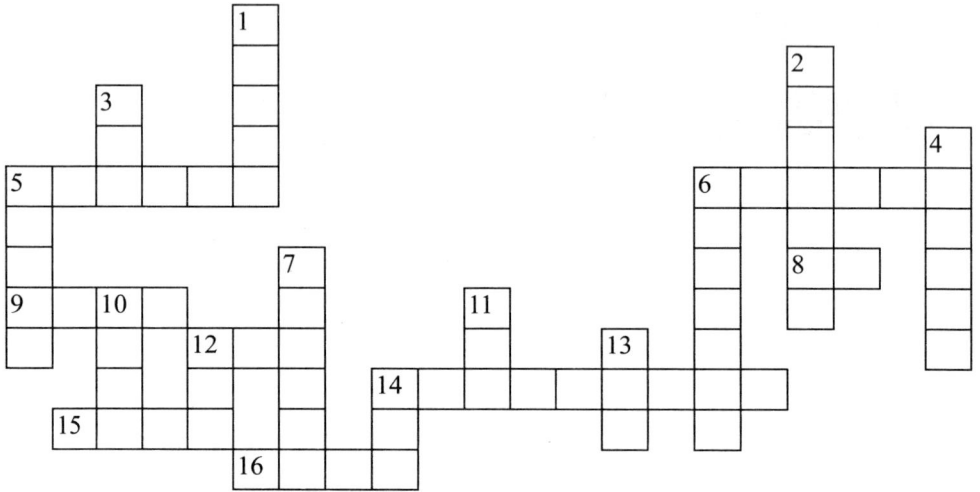

图 15-1　根据汉语词语及英语填拼音字谜

横格	拼音	抄写词语
5. 孙女 granddaughter	_____	_____
6. 英语 English	_____	_____
8. 刻 quarter	_____	_____
9. 能 be able to	_____	_____
12. 会 can	_____	_____
14. 点钟 o'clock	_____	_____
15. 司机 driver	_____	_____
16. 教 teach	_____	_____

纵格	拼音	抄写词语
1. 女儿 daughter	_____	_____
2. 上课 attend a class	_____	_____
3. 分 minute	_____	_____
4. 岁数 age	_____	_____
5. 上 reach (a certain amount)	_____	_____

6. 一点儿 a little	_____	_____
7. 拜拜 bye-bye	_____	_____
10. 哪里 where	_____	_____
11. 差 lack	_____	_____
12. 还 still	_____	_____
13. 数 number	_____	_____
14. 到 arrive	_____	_____

2．根据汉语词语填拼音

这种纵横字谜比第一种难度稍大。提示中不再有英语释义，只有汉语词语，这就需要学生自己找出相应的英语释义和汉语拼音。由于汉字形、音、义之间大多互不关联，汉字字形本身大多并不能提示准确读音，学生往往需要先复习课文才能找出词语的读音，这个过程就是一种学习，能够帮助学生记忆词语形、音、义的联系。

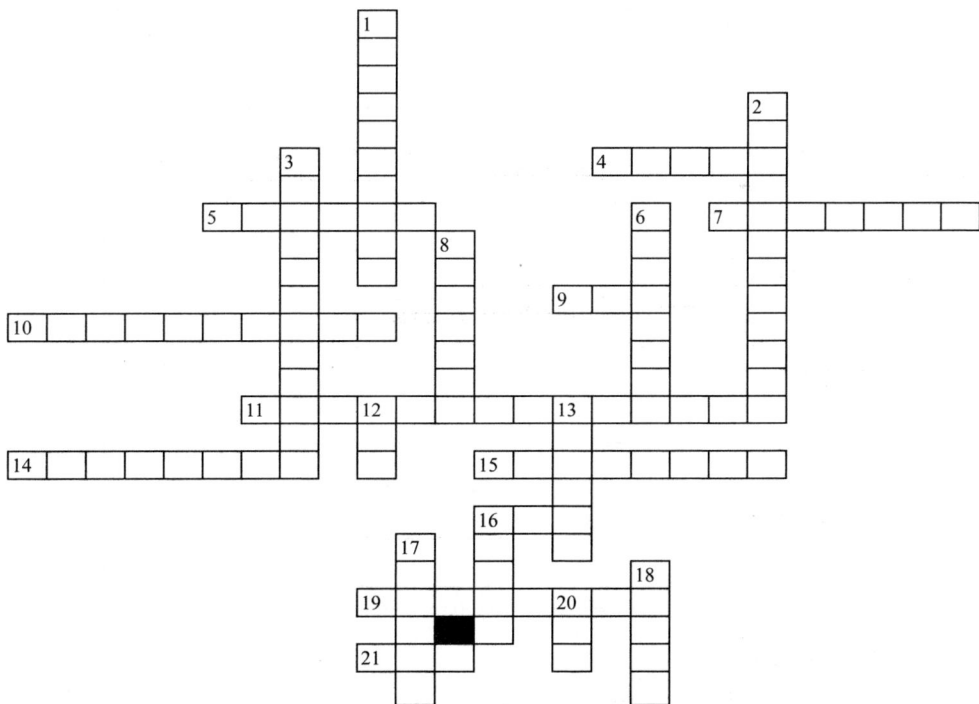

图 15-2　根据汉语词语填拼音字谜

横格	拼音	抄写词语
4. 本子	_____	_____
5. 看报	_____	_____
7. 不常	_____	_____
9. 跟	_____	_____
10. 常常	_____	_____
11. 中国音乐	_____	_____
14. 外语书	_____	_____
15. 汉语书	_____	_____
16. 书	_____	_____
19. 梁祝	_____	_____
21. 报	_____	_____

纵格	拼音	抄写词语
1. 商场	_____	_____
2. 外国音乐	_____	_____
3. 名教授	_____	_____
6. 光盘	_____	_____
8. 有名	_____	_____
12. 那儿	_____	_____
13. 音乐	_____	_____
16. 商	_____	_____
17. 买报	_____	_____
18. 去那儿	_____	_____
20. 在	_____	_____

3．根据英语填拼音

这种纵横字谜难度最大，提示只有英语释义，学生需要找到与之对应的汉语词语和拼音。找到汉语词语并将它们写下来对美国学生来说是一件头疼的事，因此，学生在查找词语和拼音的时候，应该允许他们参考课本和词典。如果学生已经创建了自己的电子汉语词库，也应该允许他们利用自己的词库来查词。教师应注意观察学生在填写字谜表时的表现，并及时提供帮助。

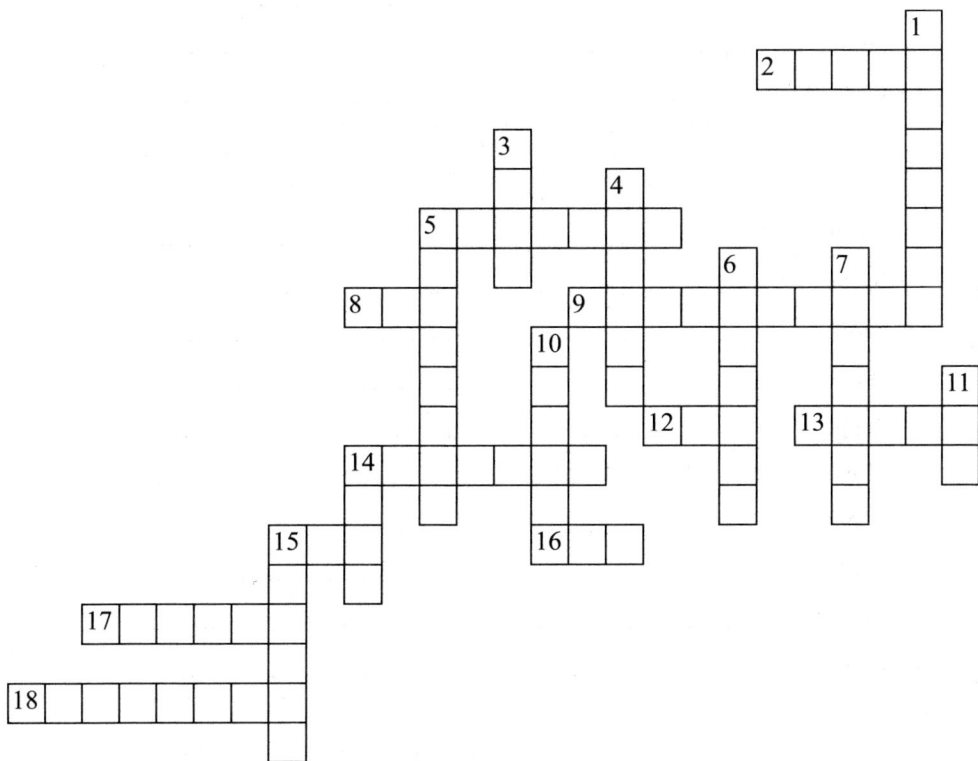

图 15-3　根据英语填拼音字谜

横格	拼音	抄写词语
2. study	_____	_____
5. instruct	_____	_____
8. ask	_____	_____
9. a little	_____	_____
12. open	_____	_____

13. college	_____	_____
14. institute	_____	_____
15. look	_____	_____
16. tall	_____	_____
17. name	_____	_____
18. professor	_____	_____

纵格	拼音	抄写词语
1. business card	_____	_____
3. teach	_____	_____
4. card	_____	_____
5. spirit	_____	_____
6. happy	_____	_____
7. power	_____	_____
10. wave	_____	_____
11. very	_____	_____
14. surname	_____	_____
15. school begins	_____	_____

其他诸如给出拼音填词语、给出英语释义填词语等形式，教师均可以根据以上形式灵活变通，这里不再赘述。

二、设计汉语纵横字谜

教师可将设计字谜游戏布置为家庭作业。设计字谜游戏的方法如下：

步骤一：选择一组词语。

步骤二：设计字谜表界面。界面应具有创意和视觉吸引力，最好丰富多彩、图案各异，例如，可以设计成心形、钻石形、动物及其他形状。

步骤三：在界面内绘制纵横字谜表。

步骤四：写出提示语。

下面提供一个设计纵横字谜的示例：

第一步是选择词语，如"鲜花""节日""新春""庆祝""快乐"。

第二步是设计字谜表界面，绘制有创意的图像，例如：

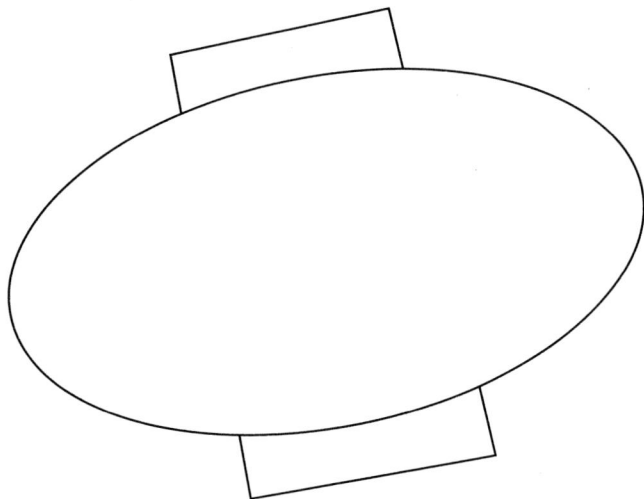

第三步是绘制纵横字谜表，如下：

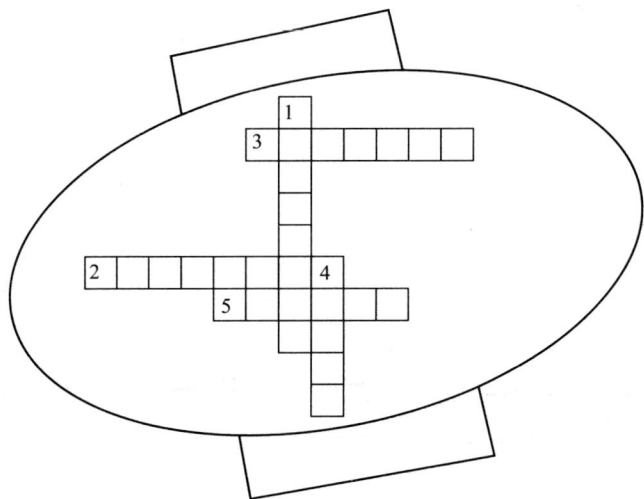

第四步是写出提示语，如下：

横格	拼音	抄写词语
2. 庆祝	_____	_____
3. 新春	_____	_____
5. 快乐	_____	_____
纵格	拼音	抄写词语
1. 鲜花	_____	_____
4. 节日	_____	_____

---

1. 本章的纵横字谜，凡涉及拼音，均不考虑声调，填写字谜表时也不标声调，否则设计难度太大。

第十六章
汉语找词游戏和词语搭配游戏

一、汉语找词游戏

找词游戏与纵横字谜很像，但是与纵横字谜相比，找词游戏更加考验学生的耐心和毅力。由于学生对此类游戏形式已经非常熟悉，完成游戏对他们来说不在话下，但是真正找对所有词语，也并非轻而易举之事。大部分找词游戏都是关于主题词汇的。主题词汇指围绕一个主题可能涉及的词汇，比如家庭词汇、旅游词汇、历史词汇等，甚至可以是以美国历届总统名字为主题的词汇。找词游戏非常适合用于汉语词语教学。游戏活动的目的是帮助学生熟悉汉语词语的形、音、义，以便更好地记住这些词语。

1. 游戏说明

在找词游戏板上，学生要从横向、纵向、斜向甚至反向等方向找出汉语词语正确的拼音，然后在该词语的拼音上画圈或标记其他符号。

游戏板的大小各异。对小学生来说，可选择 10×10 或 15×15 的正方形游戏板，字可设计得稍大些，这样学生在寻找拼音时要容易一些。但是，太过简单而缺乏挑战性会使学生觉得枯燥乏味，所以，针对初高中学生，可选择 20×20 或 25×25 的正方形游戏板。以下是一个 15×15 的找词游戏示例，词汇主题是"生病和看病"。和纵横字谜游戏一样，教师可通过调整提示语来改变游戏的难易程度。以下游戏要求学生写出拼音和汉语词语，是同类游戏中难度最大的。如果教师给出英语释义和汉语词语作为提示，难度就会降低很多。

2．游戏示例

找词游戏"我生病了"

```
R  Y  N  T  V  U  X  Q  Q  Q  U  Z  U  X  W
N  E  G  I  E  M  H  H  G  V  H  W  E  E  S
J  S  T  Y  B  N  Z  B  K  T  B  P  O  G  U
F  T  T  U  U  G  G  D  H  F  Q  I  Y  W
Y  O  O  D  Z  P  N  T  L  M  G  G  H  M  W
U  K  A  U  S  A  E  E  O  B  R  I  A  Y  D
G  L  A  A  K  Y  L  O  H  N  H  U  R  T  T
L  N  V  N  G  O  E  A  O  S  G  G  J  E  N
X  N  A  L  Y  Y  I  Y  U  A  N  N  M  J  J
Y  I  Q  I  N  I  B  H  E  A  Q  A  E  B  N
J  V  Y  A  X  F  S  Z  U  K  N  F  U  L  O
R  E  P  N  D  U  F  H  Z  X  F  D  Z  Q  E
Y  I  G  W  Q  H  C  O  E  N  E  O  K  N  W
P  F  G  F  D  E  F  H  H  N  T  O  C  K  A
Z  G  X  X  O  A  H  T  D  L  G  V  B  U  W
```

提示：

	拼音	抄写词语
whole	_____	_____
wear	_____	_____
still	_____	_____
throat	_____	_____
health	_____	_____
see a doctor	_____	_____
cold	_____	_____
every	_____	_____

whole body	_____	_____
body	_____	_____
comfortable	_____	_____
painful	_____	_____
physical exercise	_____	_____
head	_____	_____
think	_____	_____
want	_____	_____
clothes	_____	_____
together	_____	_____
hospital	_____	_____

答案:

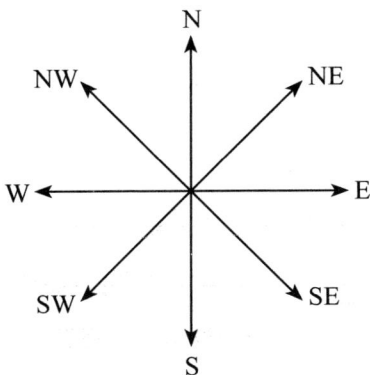

英语	汉语词语	汉语拼音（横行，纵行，方向）
whole	全	QUAN (14, 12, NW)
wear	穿	CHUAN (7, 13, NE)
still	还	HAI (9, 7, SW)
throat	喉	HOU (9, 7, S)
health	健康	JIANKANG (1, 11, NE)
see a doctor	看医生	KANYISHENG (2, 6, SE)
cold	冷	LENG (7, 7, N)

145

every	每个	MEIGE (6, 2, W)
whole body	全身	QUANSHEN (14, 12, NW)
body	身	SHEN (7, 11, SE)
comfortable	舒适	SHUSHI (7, 11, NE)
painful	疼痛	TENGTONG (4, 1, SE)
physical exercise	体育锻炼	TIYUDUANLIAN (4, 1, S)
head	头	TOU (2, 4, SE)
think	想	XIANG (5, 11, NW)
want	要	YAO (8, 9, N)
clothes	衣服	YIFU (6, 9, S)
together	一起	YIQI(1, 10, E)
hospital	医院	YIYUAN(6, 9, E)

二、词语搭配游戏

词语搭配游戏和找词游戏在本质上并无太大差异，但前者优于后者，因为词语搭配游戏可以训练学生用字组词和遣词造句的能力。下面提供两种词语搭配游戏的设计步骤。

1．简单的词语搭配游戏设计

步骤一：设计游戏板

游戏板大小应视词组或句子长短和复杂程度而定。如果词组或句子较多，游戏板应相应大些；如果仅有几个词组或句子，游戏板可设计成如下这种针对一、二年级低龄学生的 3×3 模板：

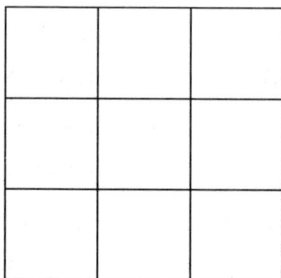

图 16-1　词语搭配游戏 3×3 模板

步骤二：设计内容

游戏板中的内容是游戏设计的关键。在下面这个词语搭配游戏中，学生需从横向、竖向或斜向三个方向找到有意义的词或短语的搭配形式，并将该词语用笔圈出来。例如：

请	什	我
你	么	名
问	字	叫

图 16-2 词语搭配游戏示例

以上练习板中有九个汉字，要求学生从格子中找出以下词或短语：

（1）invite you

（2）you ask

（3）what character

（4）name

（5）ask a character

（6）what

（7）my name is

如果学生汉语拼音掌握得较好，教师可用拼音代替英语：

（1）qǐng nǐ

（2）nǐ wèn

（3）shénme zì

（4）míngzi

（5）wèn zì

（6）shénme

（7）wǒ míng jiào

教师还可以拓展练习形式，如反向搭配和不相连汉字的搭配。以下是将上述练习拓展后的词语搭配练习，要求学生根据下表中的英文提示，在游戏板中找到相应的词语搭配，并将表格填写完整。

表 16-1   拓展后的词语搭配游戏表格

Words or Phrases		Pinyin	English
			invite you
			you ask
			ask you
			I ask
			ask me
			ask a character
			name
			what
			what character
			name is
			my name is

2. 复杂的词语搭配游戏设计

如果游戏中涉及的词语比较多，可设计从 5×5 到 11×11 大小的游戏板。用大游戏板进行练习，形式可多样化。例如，教师可以设计词组和句子的混合练习，这也需要学生花费更多的时间才能完成。下面这篇关于大熊猫的课文，教师可以对此设计句子练习游戏板。

大熊猫

动物园有大熊猫。大熊猫很可爱，身体圆圆的，尾巴短短的，四肢和肩膀是黑的，身子和头部是白的，耳朵是黑的，有两个黑眼圈。大熊猫小时候喜欢爬树，长大了喜欢睡觉。大熊猫喜欢吃竹子，喜欢在竹林里玩。孩子喜欢大熊猫。

设计步骤如下：

步骤一：罗列句子

教师需要把课文拆成一个一个的短句，并逐条罗列出来。这篇课文共能折成 13 个句子，如下所示：

表 16-2　逐条罗列课文句子示例

汉语句子	汉语拼音	英语翻译
动物园有大熊猫。	Dòngwùyuán yǒu dàxióngmāo.	There are giant pandas in the zoo.
大熊猫很可爱。	Dàxióngmāo hěn kě'ài.	Giant pandas are very lovely.
身体圆圆的。	Shēntǐ yuányuán de.	The giant panda is chubby.
尾巴短短的。	Wěiba duǎnduǎn de.	Its tail is short.
四肢和肩膀是黑的。	Sìzhī hé jiānbǎng shì hēi de.	Four limbs and shoulders are black.
身子和头部是白的。	Shēnzi hé tóubù shì bái de.	The body and the head are white.
耳朵是黑的。	Ěrduo shì hēi de.	The ears are black.
有两个黑眼圈。	Yǒu liǎng ge hēi yǎnquān.	It has two black eye rings.
大熊猫小时候喜欢爬树。	Dàxióngmāo xiǎoshíhou xǐhuan pá shù.	When young, giant pandas like to climb trees.
长大了喜欢睡觉。	Zhǎngdàle xǐhuan shuìjiào.	When grown up, they like to sleep.
大熊猫喜欢吃竹子。	Dàxióngmāo xǐhuan chī zhúzi.	Giant pandas like to eat bamboo.
喜欢在竹林里玩。	Xǐhuan zài zhúlín lǐ wán.	They like to play in the bamboo woods.
孩子喜欢大熊猫。	Háizi xǐhuan dàxióngmāo.	Children like giant pandas.

步骤二：设计游戏板大小

确定了课文包含的句子数量以后，句子的数量和最长句子的字数决定了游戏板的大小。该课文包含 13 个句子，最长的句子有 10 个汉字，所以设计成 11×11 中等大小的游戏板正好合适。

步骤三：找出所有句子共有的词

在所有的 13 个句子里，"大熊猫"这个词的使用频率最高。显然，该词和其他词组合成句子的可能性也最大。其他一些词也重复出现了若干次，如："有"（2 次）、"的"（5 次）、"和"（2 次）、"是"（3 次）、"黑"（3 次）、"喜欢"（5 次）和"子"（3 次）。填句入格时，需首先考虑这些词的位置。

步骤四：利用共有词连接各句

在空白的游戏板内，根据共有词的位置，横向、纵向或斜向地填入所有句子。经过步骤一至四，我们设计出如下游戏板：

动	物	园	里	有	大	熊	猫	喜		
尾		四		两	熊	长		欢	孩	
巴		肢		个	猫	大		在	子	
短		和		黑	小	了		竹	喜	
短		肩		眼	时	喜	吃	林	欢	
的		膀		圈	候	欢		里	大	
耳	朵	是	黑	的	喜	睡	身	玩	熊	
		黑		猫	欢	觉	体		猫	
		的	熊		爬		圆		很	
		大			树		圆		可	
身	子	和	头	部	是	白	的		爱	

图 16-3　复杂的词语搭配游戏板（未完成）

步骤五：填完剩余格子

在游戏板剩余的空白格中随意填入和课文或句子内容相关的汉字，直至将游戏板中的每个格子都填上汉字。至此，游戏板设计如下：

动	物	园	里	有	大	熊	猫	喜	耍
尾	大	四	大	两	熊	长	笼	欢	孩
巴	胖	肢	家	个	猫	大	象	在	子
短	子	和	好	黑	小	了	吗	竹	喜
短	脸	肩	毛	眼	时	喜	吃	林	欢
的	红	膀	长	圈	候	欢	迎	里	大
耳	朵	是	黑	的	喜	睡	身	玩	熊
黄	蓝	黑	狗	猫	欢	觉	体	也	猫
方	紫	的	熊	叫	爬	得	圆	猫	很
的	得	大	手	橡	树	叶	圆	熊	可
身	子	和	头	部	是	白	的	大	爱

图 16-4　复杂的词语搭配游戏板（完成）

步骤六：设计提示内容

提示内容的设计形式多种多样。主要的形式有两种：

（1）根据英语句子的提示，写出相应的汉语句子和拼音，这是设计提示内容的最佳形式。由于该课文已学过，学生能够比较顺利地完成这一活动。这一形式的提示内容如下：

表 16-3　第一种提示形式

英语提示	汉语拼音	汉语句子
There are giant pandas in the zoo.		
Giant pandas are very lovely.		
The giant panda is chubby.		
Its tail is short.		
Four limbs and shoulders are black.		

（续表）

英语提示	汉语拼音	汉语句子
The body and the head are white.		
The ears are black.		
It has two black eye rings.		
When young, giant pandas like to climb trees.		
When grown up, they like to sleep.		
Giant pandas like to eat bamboo.		
They like to play in the bamboo woods.		
Children like giant pandas.		

（2）给出句子的汉语拼音，要求学生找出汉语句子并写出英语翻译。如果学生拼音掌握得较好，那么该形式就比上一种形式更容易一些。这一形式的提示内容如下：

表 16-4　第二种提示形式

汉语拼音提示	汉语句子	英语翻译
Dòngwùyuán yǒu dàxióngmāo.		
Dàxióngmāo hěn kě'ài.		
Shēntǐ yuányuán de.		
Wěiba duǎnduǎn de.		
Sìzhī hé jiānbǎng shì hēi de.		
Shēnzi hé tóubù shì bái de.		
Ěrduo shì hēi de.		
Yǒu liǎng ge hēi yǎnquān.		

（续表）

汉语拼音提示	汉语句子	英语翻译
Dàxióngmāo xiǎoshíhou xǐhuan pá shù.		
Zhǎngdàle xǐhuan shuìjiào.		
Dàxióngmāo xǐhuan chī zhúzi.		
Dàxióngmāo xǐhuan zài zhúlín lǐ wán.		
Háizi xǐhuan dàxióngmāo.		

第十七章
汉字几何游戏

汉字几何游戏是一种视觉游戏，要求学生使用汉字、词语甚至语法正确的句子，搭建不同的几何图形。例如，只要给学生一个汉字，他们就能用短短几分钟时间令人惊讶地搭建起一个汉字金字塔。该游戏的精髓在于，学生要根据一个特定的汉字，找出其在词语或句子中的实际应用。通过这样的练习，可以训练学生遣词造句的能力。当教师给学生介绍此游戏时，应给予明确的说明。为降低难度，让学生能顺利完成游戏活动，建议教师事先设计好游戏的几何图形，并给出英文的提示，学生要做的只是用汉语把它们翻译出来。下面介绍几种常见的汉字几何游戏。

一、石头金字塔

"石头金字塔"是用方块"石头"构建的，"石头"就是汉字、词语和句子。要求学生根据表中的英文提示，将汉字、词语和句子翻译出来，逐层填入"金字塔"中。另外，学生还需将词语表填写完整。

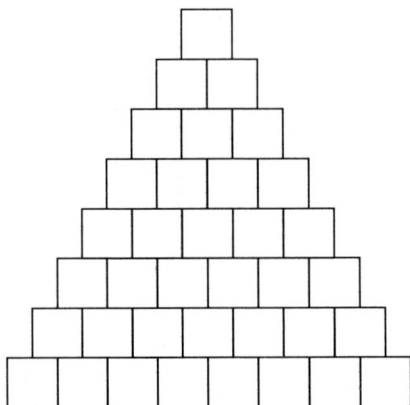

表 17-1 石头金字塔英文提示

gold
gold character
pyramid
golden tower
golden tower
The pyramid is spectacular.
The pyramid is in Egypt.
The pyramid has a long history.

Words or Phrases	Pinyin	English
金		
金字塔		
金色		
塔		
很壮观		
是		
在		
埃及		
有		
很长		
历史		

答案：

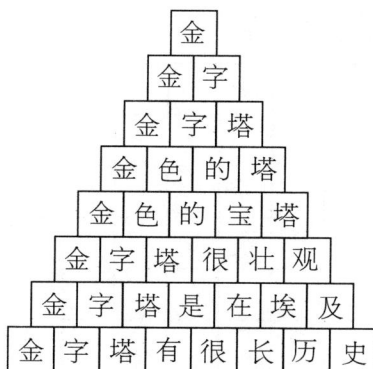

Words or Phrases	Pinyin	English
金	jīn	gold
金字塔	jīnzìtǎ	pyramid
金色	jīnsè	golden
塔	tǎ	tower
很壮观	hěn zhuàngguān	very spectacular
是	shì	is
在	zài	in
埃及	Āijí	Egypt
有	yǒu	have
很长	hěn cháng	very long
历史	lìshǐ	history

二、半身金字塔

半身金字塔游戏的设计目的与石头金字塔游戏完全一样，即训练学生遣词造句的能力。搭建"金字塔"的词语和句子应语法正确，有明确的意义。

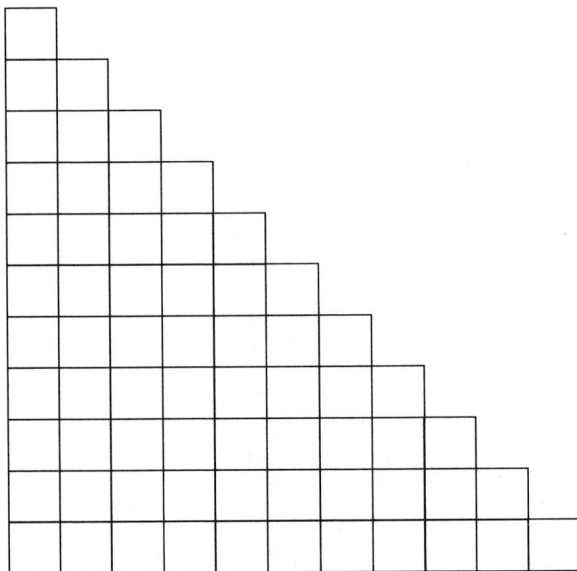

表 17-2　半身金字塔英文提示

jump
dance
dance a solo-dance
dance ballet
She dances ballet.
She begins to dance ballet.
She dances ballet beautifully.
She dances ballet gracefully.
She dances ballet very gracefully.
They dance ballet very gracefully.
They begin to dance ballet very gracefully.

Words or Phrases	Pinyin	English
跳		
跳舞		
独舞		
芭蕾舞		
跳起		
很美		
很优美		
非常		

答案：

跳										
跳	舞									
跳	独	舞								
跳	芭	蕾	舞							
她	跳	芭	蕾	舞						
她	跳	起	芭	蕾	舞					
她	跳	芭	蕾	舞	很	美				
她	跳	芭	蕾	舞	很	优	美			
她	跳	芭	蕾	舞	非	常	优	美		
她	们	跳	芭	蕾	舞	非	常	优	美	
她	们	跳	起	芭	蕾	舞	非	常	优	美

Words or Phrases	Pinyin	English
跳	tiào	jump
跳舞	tiàowǔ	dance
独舞	dúwǔ	solo-dance
芭蕾舞	bālěiwǔ	ballet
跳起	tiàoqǐ	begin to dance
很美	hěn měi	very beautiful
很优美	hěn yōuměi	very graceful
非常	fēicháng	very

三、倒置半身金字塔

其实，任何一段阅读材料都可以设计成金字塔图形，教师可指定学生就某段文字进行设计。以下是一段关于埃及金字塔的阅读材料，汉语译文被设计成倒置半身金字塔的形状。

Egyptian Pyramids

The most famous pyramids are the Egyptian pyramids—huge structures built of brick or stone, some of which are among the largest man-made constructions. In Ancient Egypt, a pyramid was regarded as the place of ascendancy. The Great Pyramid of Giza is one of the largest constructions in the world, which covers 13 acres. Pyramids are one of the eight wonders of the world, and are the greatest symbols of human civilization.

埃及金字塔

埃及金字塔是最著名的金字塔，
是巨大的砖石建筑，有些位
于最大的人造建筑物之列。
在古埃及，金字塔被看作
上苍之地。吉萨大金字
塔是世界上最大的建
筑物之一，占地十
三英亩。金字塔
是世界八大奇
迹之一，是
人类文明
最伟大
的象
征。

四、文字图画

由汉字拼成的图案不限于三角形，也可以是其他图形，甚至可以是学生能想象出来的任何图形。汉字是方块字符，一个词内的单个汉字不必连写，因此可以将汉语词句排列成多种形式，甚至以艺术的形式"画"出来，这是字母语言无法企及的。以下的设计就不是一般的几何图形，而是一幅幅优美的画面。画面的视觉吸引力可以激发学生学习语言的兴趣。下面这个例子就是这样一种词句练习形式：

她的手挥舞着像小河的流水。
她摆动美丽的头发。
她摇摆着双肩。
她看上去是如此采高兴的。
她是如此的优雅。
这个姑娘和着民歌乐曲跳舞。
她穿着亮丽的红色和金黄色的裙子。
她随着乐句翩翩舞着。
她看上去就像一幅美丽的水彩画。
她的双脚一直在不断地跳动。

图 17-1　文字图画"跳舞的女孩"

教师可以利用该图形设计不同的任务活动，以帮助学生复习课文。例如：

任务 1：观察"跳舞的女孩"图片，回答问题：

（1）What does the head of the girl say?

（2）What does her right hand say?

（3）What does her left hand say?

（4）What does her shirt say?

（5）What do her feet say?

任务 2：阅读"跳舞的女孩"图片中包含的文字内容，回答问题：

（1）"这个姑娘<u>和着民歌乐曲</u>跳舞。"请选出画线部分的正确译文：

A. with folk music

B. with piano music

C. with jazz music

D. with pop music

（2）"她穿着亮丽的红色和金黄色的裙子。"请选出该句子的正确译文：

A. Her skirt is in bright red and golden colors.

B. Her skirt is in bright pink and yellow colors.

C. Her skirt is in bright white and golden colors.

D. Her skirt is in brownish yellow color.

（3）"她的手挥舞着像小河的流水。"请选出该句子的正确译文：

A. Her hands look like river.

B. Her hands are full of river water.

C. Her hands wave like flows of water in the river.

D. Her movements are graceful and soft.

若要设计一个完整的文字图画练习，教师可遵循以下步骤：

步骤一：确定文字材料

教师可拟定一个话题，让学生找到与话题相关的文字材料，也可为学生提供语言段落作为练习的素材。学生要理解自找材料或所给材料的含义，然后设计一个图案或某种轮廓式样。注意：用于设计文字图画作业的文字材料应是汉语的，而且是描述性的。例如：

跳水

跳水起源于游泳，历史悠久。五世纪时，古希腊陶瓶上已有跳水图案。考古发现，中国宋朝有过跳水器。在十七世纪地中海一带也有跳水活动。跳水运动员在一定高度的跳台上起跳，在空中完成动作，以入水为结束。高空跳水是一种十分惊险的跳水运动。运动员从很高的悬崖跳台上起跳并完成空中动作后入水。在美国，高空跳水的跳台高 48 米，宽约 70 厘米。墨西哥有传统的 60 米海岸悬崖跳水比赛。高空跳水表演非常精彩，表演项目包括花样跳水、特技跳水、滑稽跳水等等。运动员时而在高空飞翔，时而在空中翻滚，时而惊险，时而流畅。

步骤二：列出材料中的生词

为使学生理解文章内容，教师有必要根据所教班级的情况，列出学生不懂的词。对于哪些词是学生从未学过的生词，教师必须心中有数。当然，教师还可设计不同的练习形式让学生学习生词。下表是《跳水》一文中的生词，要求学生自己查词典，将词语的拼音和英语释义填写完整：

表 17-3 《跳水》一文中的生词

New Words	Pinyin	English	New Words	Pinyin	English
跳水			入水		
起源			结束		
游泳			惊险		
历史			悬崖		
悠久			墨西哥		
世纪			表演		
古希腊			精彩		
陶瓶			项目		
图案			花样		
考古			滑稽		
宋朝			时而		
地中海			飞翔		
起跳			翻滚		
完成			流畅		
动作					

步骤三： 设计文字图画

学完生词以后，教师可以通过任何资源找出最能表达文章内容的图画，然后以此作为模板，描出图画轮廓，再将汉字合理填充在描出的图画轮廓中。例如，《跳水》一文可以做如下设计：

跳
水起
源于游
泳，历
五世纪时，古希腊陶瓶上已有跳
水图案。
考古
发现，
中国宋朝
有过
跳水器。
在十七世纪
地中海一带
也有跳水活动。
跳水运动员
在一定高度
的跳台上
起跳，
在空中
完成
动作，
以入水
为结
束。

高空跳水是一种十分惊险的跳水运动。
运动员从很高的悬崖跳台上起跳
并完成空中动作后入水。在美国，高空
跳水的跳台高 48 米，宽约 70 厘米。墨西哥
有传统的 60 米海岸悬崖跳水比赛。高空跳水
表演非常精彩，表演项目包括花样跳水、

跳水、滑稽跳水 运动员时而在
特技 等等。
时而 在空中
高空飞翔，翻滚，时而惊险，流畅。
时而

图 17-2 文字图画"跳水"

步骤四：设计阅读理解问题

为了帮助学生更好地理解文字图画中的内容，教师可设计一些问题要求学生用汉语回答。问题可以包括以下三种类型：

1. 细节性问题：

（1）跳水源于哪一种运动？

（2）在哪里发现了最早的跳水图案？

（3）跳水器是在哪个国家发现的？

2. 理解性问题：

（1）什么是高空跳水？

（2）高空跳水表演有哪些项目？

（3）高空跳水有哪些惊人之处？

3. 发散思维问题：

（1）跳水器可能是一种什么样的东西？

（2）为什么说高空跳水是一种十分惊险的跳水运动？

（3）比较美国和墨西哥的高空跳水跳台，它们的不同之处在哪里？

五、树形家谱图

由字面意义得知，树形家谱图是呈现三代或三代以上家族谱系关系的树形图。填写树形家谱图始终是语言课上的保留项目，因为该活动可帮助学生学习关于家庭成员称谓的词汇，如父亲、母亲、祖父母、兄弟姐妹等。美国学生，尤其是小学生往往对此项活动充满兴趣，因为他们对家庭的概念已初步形成。中国家庭的家谱图可以非常大，因为中国人的家庭通常是同一姓氏下包括众多亲属的大家庭概念。要学习中国人的家庭成员称谓词汇，树形家谱图不失为一种好方法。通常由教师设计一个树形家谱图，树干上留有空格，供学生填充词语。活动的准备工作包括预先学习家庭成员称谓词汇，以及美国人名的中文翻译。这样，学生就可以正确写出家庭成员的称谓和汉语名字。

表17-4 家庭成员称谓词汇练习表

Title	Pinyin	English	English Name	Chinese Name (Character)	Chinese Name (Pinyin)
爷爷		grandpa			
奶奶		grandma			
外公		grandpa			
外婆		grandma			
舅舅		uncle			
舅妈		aunt			
叔叔		uncle			
婶婶		aunt			
姑姑		aunt			
姑父		uncle			
哥哥		elder brother			
嫂嫂		sister-in-law			
弟弟		younger brother			
弟媳		sister-in-law			
姐姐		elder sister			
姐夫		brother-in-law			
妹妹		younger sister			
妹夫		brother-in-law			
儿子		son			
儿媳		daughter-in-law			
女儿		daughter			
女婿		son-in-law			

（续表）

Title	Pinyin	English	English Name	Chinese Name (Character)	Chinese Name (Pinyin)
孙子		grandson			
孙女		granddaughter			
外孙		grandson			
外孙女		granddaughter			

图 17-3　树形家谱图

第十八章
记忆游戏

工作记忆是一种短时记忆，我们日常生活中的很多活动，如听演讲做笔记、从电话本中查找号码并拨打电话等，都会涉及工作记忆。然而，工作记忆只是短时间保存的记忆信息。刚打完电话时，我们就很可能已经忘记刚才查过的电话号码了。

要将短时的工作记忆转化为永久的长时记忆，就必须将外界输入的这些暂存信息进行编码。信息往往需要多次记忆和重现才能逐渐在大脑中永久存储。而且，新信息必须和旧信息结合才能转化为长时记忆。

学习骑自行车或者游泳往往需要时间，但掌握了这些技能后，便终生难忘了。学语言也是一样，当我们学习一门语言时，如果长期坚持练习，就不易忘记了。典型的例子就是汉语的问候语"你好"。如果老师和学生每天见面都用"你好"相互问候，那么久而久之"你好"这个问候语就在记忆中固定了。另一方面，虽然学习语言需要反复记忆，但是死记硬背却枯燥无味。如果将游戏运用到记忆活动中来，那就另当别论了。下面介绍几种常用的记忆游戏。

一、词语递加记忆游戏

虽然记忆力有限，但是美国学生面临记忆挑战时，都会兴奋异常、跃跃欲试。如果一节课有 10~15 个生词，教师可以开展词语递加记忆游戏。例如：首先给出一个生词"信"，让第一个学生说出该词；第二个生词是"纸"，第二个学生重复第一个生词，然后再说出第二个生词；然后再给出第三个生词"邮局"，第三个学生重复前两个词和第三个词；依此类推，学生都得从头到尾地说出前面的生词和给出的新词。一般来说，学生平均可重复 7~10 个生词。为了避免多轮游戏后，学生已记住了前几个词的顺序，每轮游戏时，教师都应安排不同的生词出现顺序。另外，如果该游戏被设计成比赛的形式，那么教师最好及时记录结果，以统计名次、颁发奖励。

下面提供一个词语递加记忆游戏的词汇表：

第一轮游戏：

表 18-1　词语递加记忆游戏词汇表（第一轮）

顺序	生词	拼音	英语释义
1	信	xìn	letter
2	纸	zhǐ	paper
3	邮局	yóujú	post office
4	营业员	yíngyèyuán	clerk
5	窗口	chuāngkǒu	window
6	邮票	yóupiào	stamp
7	明信片	míngxìnpiàn	postcard
8	邮寄	yóujì	mail
9	信封	xìnfēng	envelop
10	信箱	xìnxiāng	mailbox
11	包裹	bāoguǒ	parcel
12	速递	sùdì	express delivery
13	传真	chuánzhēn	fax
14	收信人	shōuxìnrén	addressee
15	发信人	fāxìnrén	addresser

第二轮游戏：

表 18-2　词语递加记忆游戏词汇表（第二轮）

顺序	生词	拼音	英语释义
1	信	xìn	letter
2	窗口	chuāngkǒu	window
3	信封	xìnfēng	envelop
4	邮局	yóujú	post office
5	纸	zhǐ	paper
6	邮票	yóupiào	stamp
7	明信片	míngxìnpiàn	postcard
8	邮寄	yóujì	mail
9	收信人	shōuxìnrén	addressee
10	信箱	xìnxiāng	mailbox
11	包裹	bāoguǒ	parcel
12	速递	sùdì	express delivery
13	营业员	yíngyèyuán	clerk
14	发信人	fāxìnrén	addresser
15	传真	chuánzhēn	fax

　　游戏需要进行几轮，主要根据所学的生词量而定。教师也可根据实际情况灵活变换游戏形式：

　　变化一：如果游戏太难，学生记不住 7 个以上的生词，可以先让学生只记英语，毕竟母语要相对容易些。记住英语后，通过英语辅助记忆，再让学生记汉语。

　　变化二：可以通过出示识字卡片的方式展示生词，让学生大声说出生词。这样做会加大游戏的难度，因为学生既要识记汉字，也要记住它们出现的顺序。该游戏特别适合用于复习和巩固已经学过的生词。

二、词语瞬时记忆游戏

　　词语瞬时记忆游戏的设计目的在于训练学生的瞬时记忆、复习所学生词以及练习遣词造句。教师将单个生词逐个在 PowerPoint 幻灯片上呈现两秒钟，学生尽可能多地记住这些生词，并将它们写在教师提供的生词记忆单上，然后用这些生词组成一个完整的句子。要顺利完成这个游戏，让学生记忆的生词应为学生熟悉并能依靠记忆写出的生词。不仅如此，学生还应理解这些生词的意思，并能判断它们的词性。

　　以下示例供教师参考：

幻灯片 1

> 非常

幻灯片 2

> 汉语

幻灯片 3

> 我

幻灯片 4

> 学习

幻灯片 5

> 喜欢

表 18-3　词语瞬时记忆游戏记忆单

Words	Pinyin	English	Arrange Words into a Sentence
非常	fēicháng	very much	
汉语	Hànyǔ	Chinese	我非常喜欢学习汉语。
我	wǒ	I	I like to study Chinese very much.
学习	xuéxí	study	
喜欢	xǐhuan	like	

三、图片记忆游戏

图片记忆游戏可以用来训练学生的视觉短时记忆能力。学生做好准备后，教师按下鼠标，一张显示有各种事物的图片将在电脑屏幕上出现 20~30 秒，图片消失后，学生在记忆单上写下他们记住的事物的名称。该游戏可以是一人单独完成，也可以是多人小组合作完成。如果是单人游戏，图片中的事物不必过多，9~20 个较为合适。可以给学生 2~3 次机会看图片，以帮助其更好地记忆图中内容。如果是小组合作，每个小组看完图片后可以展开讨论，小组成员共同完成记忆单的填写。在设计游戏时，教师需要罗列出可以利用图片直观表达意思的词语，这些词语应为学生熟悉并且能够依靠记忆写出的。另外需要注意的是，这些词语不应是同一类别的。以下示例可供教师参考：

图 18-1　图片记忆游戏的图片

表 18-4　图片记忆游戏记忆单

Words	Pinyin	English
农场	nóngchǎng	farm
书	shū	book
教堂	jiàotáng	church
窗户	chuānghu	window
柜子	guìzi	cupboard
玉米	yùmǐ	corn
电脑	diànnǎo	computer
道路	dàolù	road
电视机	diànshìjī	television
猴子	hóuzi	monkey
老虎	lǎohǔ	tiger
被子	bèizi	quilt
鞋子	xiézi	shoe
游泳	yóuyǒng	swim
自行车	zìxíngchē	bike

　　除了上面的形式以外，记忆单的设计还可采用其他多种方式。如果想让学生记住并写下图中所有事物的名称，我们可以设计下面这样的记忆单，让学生一个不落地填出所有词语：

```
1. _____   2. _____   3. _____   4. _____   5. _____   6. _____

7. _____   8. _____   9. _____   10. _____   11. _____   12. _____

13. _____   14. _____   15. _____
```

如果学生不能写出图片上显示的事物的名称，教师可以给学生一张写有图中事物名称的词汇表，这时学生只需识认这些词语就可以完成活动，这就大大降低了游戏的难度，适用于汉语水平较低的学生。以下示例要求学生从下列词语中找出图片上显示的事物的名称，在词语旁边的空格中打钩（√）并写出拼音。

表 18-5　图片记忆游戏词汇表

Words	Tick	Pinyin	Words	Tick	Pinyin	Words	Tick	Pinyin	Words	Tick	Pinyin
农场			书			教堂			窗户		
柜子			杂志			道路			筷子		
电话			饼干			被子			猴子		
电脑			鞋子			床			河流		
椅子			游泳			电视机			自行车		
玉米			笔			山			老虎		

四、汉字配对记忆游戏

完成该游戏所需的材料包括一套可以分为 A、B 两组的汉字卡片，以及一张提示性的英语释义单。汉字卡片的数量取决于课文中生词的数量。一般来说，12~20 张卡片比较合适，可供练习 6~10 个词语。汉字卡片和英语释义单的示例如下：

汉字卡片：

A 组卡片：铅　橡　读　写　画　课　桌　地　教　作

B 组卡片：书　画　笔　子　皮　图　字　室　本　业

英语释义单：

1. pencil	2. eraser	3. read a book	4. write characters	5. draw pictures
6. textbook	7. table	8. map	9. classroom	10. homework

首先，教师一张一张地给学生展示 A 组卡片，然后将卡片翻过来放在桌子上或

者粘贴在黑板上。这时，学生需要记住 A 组卡片每个字的位置。然后，教师出示一张 B 组卡片，请学生凭记忆找出 A 组卡片中可与之搭配的卡片。学生找到后，教师将这对卡片拿掉。随着越来越多的配对卡片被找到，卡片一张张减少，直到游戏结束。比赛期间，学生可以翻看卡片，但是做记录的同学会记录翻看卡片的次数，以确定游戏最终的获胜者。

教师也可灵活改变该游戏的操作方式。例如，让 10 个学生沿着墙站成一排，另外 10 个学生沿着对面的墙站成一排。一组学生手持 B 组卡片出示给对面的学生，2~3 分钟后将卡片翻转过来。然后教师把 A 组卡片分发给手中没有卡片的学生。1 分钟以后，手持 A 组卡片的学生轮流去寻找与之配对的 B 组卡片，如果配对正确，两个学生退出队列。如果学生难以记住 10 个字的顺序，教师可以将卡片数量减少到 5 张以降低难度，使更多学生配对成功。

五、故事记忆游戏

故事语境对记住一系列的新词语非常有效。心理学研究表明，人们在记忆事物时，会刻意寻找这些事物之间的联系，或是把这些事物与他们熟悉的事物联系起来以帮助记忆。例如，人们经常将自己的生日或者重要事件的日期作为电子邮件的密码。故事记忆游戏就是利用这个原理，旨在通过故事上下文，在需要记忆的词语之间建立联系，以此来帮助记忆。教师给学生一张词汇表，请学生用 5~10 分钟的时间，用表中的词编一个有趣的故事。故事越别出心裁、滑稽可笑，学生越容易记牢这些词。然后，给学生 3~4 分钟的排练准备时间，在全班面前讲述这个故事。如果学生的汉语水平较低，可以允许学生在英语句子中夹杂使用需要记忆的汉语生词。以下提供一个示例供教师参考：

表 18-6　故事记忆游戏词汇表

Words	Pinyin	English
问	wèn	ask
回答	huídá	answer
去	qù	go

（续表）

Words	Pinyin	English
说	shuō	speak
飞	fēi	fly
笑	xiào	laugh
相信	xiāngxìn	believe
看见	kànjiàn	see
跳	tiào	jump
知道	zhīdào	know

根据上述词汇表，我的学生编出了一个有趣的故事，题目是"老鼠饿了"。内容如下：

He 看见 an ant and 问："Do you 知道 where the restaurant is？" The ant 回答："Very far. You can't 去 there." The rat 说："Yes I can 去." The ant 笑："I don't 相信 you can 去. But if you can 飞，you may 去." The rat 说："Yes I can 飞." The ant 说："Show me!"

The rat climbs to the top of a building and 跳 down and dies.

用汉语讲故事的难度较大，学生可能不能流利地讲述故事。教师可以布置家庭作业，给学生更多的准备时间，甚至让学生从家中带来道具，将故事表演出来。

六、传话游戏

该游戏活动特别适合练习短文和较长的句子。一篇大约 10 句话的短文最为合适。每个回合练习 1~2 个句子，在 5 个回合内，可以练完整篇短文的 10 句话。

首先，教师选择适当长度的短文，将短文中的句子分成几个部分，每部分用于一个回合的练习。示例如下：

表 18-7 传话游戏短文句子划分示例

Yì zhī qīngwā zài jǐng lǐ chànggē. 一只青蛙在井里唱歌。	A frog is singing at the bottom of the well.
Yì zhī lǎoyīng fēi guolai zài jǐng biān xiūxi. 一只老鹰飞过来在井边休息。	An eagle comes and rests by the well.

（续表）

Qīngwā kàndào lǎoyīng, wèn: "Nǐ lái zhèlǐ gàn shénme?" 青蛙看到老鹰，问："你来这里干什么？"	The frog sees the eagle and asks, "What are you doing here?"
Lǎoyīng shuō: "Wǒ fēile yì bǎi duō yīnglǐ, kǒu kě le, xiǎng hē shuǐ." 老鹰说："我飞了一百多英里，口渴了，想喝水。"	The eagle replies, "I've flown more than a hundred miles. I am thirsty and I want to drink."
Qīngwā xiàoxiao shuō: "Lǎoyīng nǐ zài sāhuǎng. Tiān zhǐyǒu yìdiǎndiǎn dà, nǐ zěnme kěnéng fēi zhème yuǎn?" 青蛙笑笑说："老鹰你在撒谎。天只有一点点大，你怎么可能飞这么远？"	The frog laughs and says, "You are kidding me. The sky is just this little, how can it be possible you've flown from that far?"
Lǎoyīng shuō: "Tiān hěn dà, méiyǒu jìntóu." 老鹰说："天很大，没有尽头。"	The eagle says, "The sky is very big and it has no limit."
Qīngwā shuō: "Nǐ húshuō, wǒ měitiān kàndào tiān jiù xiàng jǐngkǒu nàme dà." 青蛙说："你胡说，我每天看到天就像井口那么大。"	The frog says, "Nonsense! I see the sky every day. It is only as big as the mouth of a well."
Lǎoyīng shuō: "Nǐ tiào chulai kànkan ba. Kànkan tiān yǒu duō dà." 老鹰说："你跳出来看看吧。看看天有多大。"	The eagle says, "Just jump out and you'll see how big the sky is!"
Qīngwā pīnmìng yí tiào, tiàochūle jǐngkǒu. 青蛙拼命一跳，跳出了井口。	The frog jumps with all his might out of the well.
Qīngwā kàndàole tiān: "À, tiān guǒrán yǒu zhème dà ya!" 青蛙看到了天："啊，天果然有这么大呀！"	The frog sees the sky, "Ah, the sky is that big!"

　　然后，教师将学生分成两三个小组，每组排成行。教师悄悄地将句子告诉每行第一个学生，该学生听到后绕讲台跑一圈，然后将听到的句子告诉队列中的第二个同学。第二个同学绕讲台一圈后又将句子传给第三个同学，依此类推，直到将句子传给队列的最后一个同学。最后这个同学一边绕讲台跑，一边大声说出教师告诉第一个同学的句子。为了游戏结果的准确性，在游戏前教师可以将写有答案的纸板内容朝下放好。最后一个同学说出答案的时候，教师可以将纸板翻过来，让所有学生判断其答案是否正确。最快说出正确答案的小组获胜，获胜组可以得一分。所有回合进行完毕以后，得分最多的小组是最终的获胜组，可以得到教师准备的奖品。

第十九章
猜谜语游戏

　　谜语是一种智力挑战游戏，主要指暗射事物或文字等供人猜测的隐语。谜语也是世界上最古老的益智游戏之一，有着几乎和人类文明一样长的历史。最早的谜语与神话传说有关，内容主要涉及太阳、月亮、彩虹和风等事物。据说希腊众神视猜谜为娱乐消遣之道，所以猜谜这种休闲娱乐活动几个世纪以来一直盛行不衰，遍及全世界。

　　中国谜语源自民间，历经数千年的演变和发展，是古代劳动人民集体智慧创造出来的文化产物。谜语由谜面和谜底两部分构成，前者是谜题，后者是答案。

　　谜语分为两种类型。第一种是事物谜，其谜底大多是一些生活中常见的事物，如动物、植物、器具、生活用品、人体器官、自然现象、宇宙天体等。另一种是文义谜，其谜底的范围相当广泛，可以是表示任何概念的单字、词语、短句等等。中国谜语的形式多种多样，有字谜、灯谜、哑谜等，每种谜语的难度不同。有些谜语的谜底一目了然，而有些则需要具有博古通今的知识才能解谜。在汉语课堂上进行猜谜活动，能促进学生的思维发展，激发学生的学习兴趣，还能帮助他们复习、巩固所学词语。可以说，猜谜语是一种有趣又有效的课堂游戏活动。

一、课堂常用谜语类型

1. 字形类字谜

　　猜字谜是汉字教学的有效方法。不少汉字是象形文字，还有很多字由几个可描述的部分构成，这些特点为我们创造字谜提供了先决条件。下面是我自创的一些字谜，供学生在课堂上练习：

（1）这个字有十一张嘴。

This character has eleven mouths. (an adjective)

谜底：吉

（2）左边有一个太阳，右边有一个太阳。有人站在右边的太阳上，世界突然没有了阳光。

There is a sun on the left and a sun on the right. Somebody stands on the sun on the right, the world loses its light. (an adjective)

谜底：暗

（3）一条狗周围有四张嘴。

A dog has four mouths around him. (a noun)

谜底：器

（4）这个国家只有冬天。

This kingdom has only winter. (a noun)

谜底：图

（5）这个字长达一千米。

This character is a thousand metres long. (an adjective)

谜底：重

（6）嘴下面有一条虫。

There is a worm under your mouth. (a conjunction)

谜底：虽

（7）这个国家的中央坐着一个大王，在大王的膝盖上坐着一个小小的王后。

In the middle of this kingdom sits a king and on the knees of the king sits a little queen. (a noun)

谜底：国

（8）眼睛上面有一只手。

There is a hand above the eyes. (a verb)

谜底：看

（9）一块毛巾晾在三十层的屋檐下。

A towel hangs under a roof of thirty layers. (a verb)

谜底：带

（10）太阳被左边的墙挡住了。

The sun is blocked by a wall on its left. (an adjective)

谜底：旧

（11）这个字左边是太阳，右边是月亮。

This character has a sun on its left and a moon on its right. (an adjective)

谜底：明

（12）头上指示西边方向。

The character shows west on its head. (a noun)

谜底：票

（13）这棵树有个儿子。

This tree has a son. (a noun)

谜底：李

（14）一个坐在一颗心上的自我。

A one self sits on a heart. (a verb)

谜底：息

（15）水向西边流。

Water flows to the west. (a verb)

谜底：洒

（16）屋里有一头猪。

Underneath the roof grows a pig. (a noun)

谜底：家

（17）这个字一寸一寸地走路。

This character walks inch by inch. (a verb)

谜底：过

（18）一个人站在云彩上。

A man stands on the cloud. (a noun and a helping verb)

谜底：会

(19) 一口吃掉牛尾巴。

One bite eats up the tail of an ox. (a verb)

谜底：告

(20) 人比天高，天比人大。

A person is taller than the heaven, and the heaven is bigger than the person. (a noun)

谜底：夫

(21) 这个字只有半个月亮。

This character has only a half of the moon. (an adjective)

谜底：胖

(22) 一句话太多。

A sentence is too many. (an adverb)

谜底：够

(23) 闲人止步。

No admittance. (a verb)

谜底：企

(24) 这只动物是我的一只鸟。

This animal is my bird. (a noun)

谜底：鹅

2．描述类谜语

下面这些字或词的谜面常常描述一个行为，学生从对行为的描述中猜测谜底。编写这样的谜语对教师来说较为容易。

(1) There is an old man.

He starts to work early in the morning.

If he does not show up one day,

It rains.

谜底：日

(2) When he is young, he has two horns.

When he is grown up, horns disappear.

When he is getting old,

Horns come to him again.

谜底：月

(3) When water meets him, it knits its brows.

When trees see him, they nod their heads.

When flowers see him, they bow their heads.

When clouds see him, they flee away.

谜底：风

(4) Hundreds of threads, thousands of threads.

As soon as they drop into the river,

They disappear.

谜底：雨

(5) No needle can pierce it.

No knife can cut it.

But any toothless old man

Can bite it.

谜底：水

(6) You have a good friend.

Every day he accompanies you.

Sometimes he is in front of you.

Sometimes he is behind you.

Sometimes he is to your right.

Sometimes he is to your left.

When you talk to him,

He always keeps silent.

谜底：影子

(7) A tree has five branches

With no leaves and flowers.

But it can write, calculate and paint.

谜底：手

(8) Gate red, fence white.

A nice boy lives in it

who can help speak and eat.

谜底：舌

(9) Her skin is snow white,

But her body is in dirt.

Her head is a cluster of flowers

Which flow on the lake.

谜底：莲藕

(10) It is like a small Chinese lantern

Hanging in the garden.

At first it turns green,

And then yellow and then red.

谜底：辣椒

(11) It is not a pine.

It is not hemp.

When it grows to one yard tall,

It yields peach-like fruits

Which spit white flowers

When they are mature.

谜底：棉花

(12) Green covers outside,

White covers inside.

Under the quilt

Sleep some small chubby children.

They live and sleep together,

Never quarrel,

And they are quiet.

谜底：豆

（13）Black hair bright,

White hair bright.

Chubby children make people like.

They can climb high.

They can crawl quickly.

They eat bamboo for meals.

They wear large black sunglasses all year round.

谜底：熊猫

（14）They are not old,

But they have thick beards.

Every day they go to the mountains to graze.

When they see you,

They will call you "Baa".

谜底：山羊

（15）The four limbs are all hands.

Sometimes they crawl,

And sometimes they walk.

They walk like a man,

And they crawl like a dog.

谜底：猴子

（16）His nose is like a big hook.

His ears are like fans.

His legs are as thick as pillars.

And his tail beats like a whip.

谜底：大象

（17）If you say it is strange,

It is strange.

There is a big bag in her belly.

It does not carry food.

It does not carry vegetables.

It carries small babies.

谜底：袋鼠

（18）When you were very young,

You had a good friend.

It wore snow white cotton coat all year round.

It likes to eat carrots and green grass.

Jumping was its hobby.

谜底：兔子

（19）Pretty small girls live in Antarctica,

Wearing white skirts and black hats and black gowns.

They have wings but can't fly.

They have no fins but can swim.

谜底：企鹅

（20）Her clothes are colored feathers.

Her mouth is a surgeon's scalpel.

Whenever a tree gets ill,

She will always go to heal.

谜底：啄木鸟

3. "我是……" 或 "我有……" 类谜语

这类谜语描述事物的特征和行为，十分容易编写，教师可在任何时候将学生所学的内容编成谜语。编写时，教师首先要在词典里或网上找到一个事物的定义，然后用自己的语言重新编排这一定义，确保学生能从编排过的定义中找出足够的线索。下面是一个编写示例：

步骤一：从英语词典上找出"大熊猫"的定义。

A large black and white animal that looks like a bear and lives in the mountains of China.

步骤二：用自己的话改写上述定义。

I am definitely an animal which looks like a bear.

I live in the mountains of China.

I have woolly fur with black and white markings.

I am a…

很明显，这个谜语的谜底是大熊猫。在汉语课上，学生要用汉语说出谜底。下面再提供一些示例供教师参考：

(1) I'm a soft and furry pet.

I have four legs and a long tail.

I have sharp teeth and claws.

I like to chase mice.

I am a…

谜底：猫

(2) I have four legs.

I'm very smart and I like to play.

I like to smell things.

I can wag my tail.

I am a…

谜底：狗

(3) I live in the woods.

I'm very big and furry.

I have a big nose, a little tail and four legs.

I like to eat fish, honey and berries.

I am a…

谜底：熊

(4) I am very soft and gentle.

I spend my life on the farm.

My wool is thick.

I am a…

谜底：绵羊

（5）I am huge and grey.

My skin is wrinkly.

I live in a river or a lake.

I have sharp teeth and a long trunk.

I am a…

谜底：鳄鱼

（6）I am a reptile.

I move very slowly.

I carry my house on my back.

I am a…

谜底：蜗牛

（7）I live on a farm.

I am strong but I don't work in the field.

Every morning many people drink my milk.

I am a…

谜底：奶牛

（8）I am small, quick and shy.

I live on trees.

I eat tree berries but never meat.

I have a thick and long tail.

I am a…

谜底：松鼠

（9）I am a bird but relatively big and strong.

I have very sharp talons.

My beak is yellow.

And my head is white.

I am a…

谜底：老鹰

（10）I am two slices of bread.

I have meat or cheese in my body.

I have also some tomatoes or lettuce to decorate.

People love my taste.

I am a…

谜底：三明治

4．构词类谜语

汉语中很多词语的构词方式生动而有趣，这就为我们编写构词类谜语提供了很好的素材。猜下列谜语，不仅能训练学生的思维能力，还能帮助他们更好地了解词语的构词方法，加深对词语的记忆。

（1）What is the Chinese for "electronic brain"?

谜底：电脑

（2）What is the Chinese for "electronic image"?

谜底：电影

（3）What is the name of the Chinese city meaning "up ocean"?

谜底：上海

（4）Who is the person that bears the name of "old master"?

谜底：老师

（5）What kind of place is a Chinese "meal shop"?

谜底：饭店

（6）What is a Chinese "fire vehicle"?

谜底：火车

（7）What is the Chinese for "self-going vehicle"?

谜底：自行车

（8）What is the Chinese for "light the heart"?

谜底：点心

（9）What is the Chinese for "star period"?

谜底：星期

（10）What is the Chinese for "electronic vision"?

谜底：电视

（11）What is the Chinese adjective for "floating and bright"?

谜底：漂亮

（12）What is this country meaning "middle kingdom"?

谜底：中国

（13）What is this country meaning "beautiful country"?

谜底：美国

（14）What is this meat meaning "fire and leg"?

谜底：火腿

（15）What is the Chinese adjective meaning "high spirit"?

谜底：高兴

（16）What is "east and west" in Chinese?

谜底：东西

（17）When you are doing "swimming and drama", what are you doing?

谜底：游戏

（18）When people say "bright and white", what are they saying?

谜底：明白

（19）What are people doing when they "beat and calculate"?

谜底：打算

（20）What city in China means "north capital"?

谜底：北京

二、课堂常用猜谜方法

1．圆桌头脑风暴

将学生分组，两人到四人一组，围桌而坐。教师出谜，指派一个学生记分，每组学生依次猜谜，猜出谜底的小组得一分，然后教师继续出谜。注意，谜语的谜底应是学生熟悉的已学词语。

2．汉字卡片猜谜游戏

将学生分组，两人到四人一组。教师给每组分发汉字卡片，学生只需从卡片中找出谜底并展示出来即可。这样的猜谜活动较为简单。

3．灯笼猜谜游戏

教师将写有谜语的小纸条放在事先做好的灯笼里，学生依次上前从灯笼内取出一个谜语，猜出谜底的同学将谜底告知教师，可获得积分或小奖励。

4．课文词语抢答猜谜

教师就课文中的已学词语出谜，让学生在课堂上抢答竞猜，以达到复习已学词语的目的。

课堂教学活动篇

视听说是语言教学中必不可少的活动。学习过程中，听和说既是学习的手段，也是学习的目的。通过外语听和说的练习，达到像母语那样听外语和说外语的交际目的。在美国的语言课堂里，传统的视听说教学法已经显得太过机械，学生们很难忍受枯燥的句型操练，因此，仅仅运用传统的视听说教学法来进行教学已经远远不够了。那么，用什么方法能在传统教学法的基础上取得更好的效果呢？本节将就这个问题展开探讨。

现在，在语言教学中运用音乐、美术、表演等已经是一种很常见的教学手段了。这种教学手段对教师的要求非常高。教师既要有外语教学的专业知识，又要具备较高的音乐、美术和表演素养，更要具备设计教学活动的能力。把视、听、说、唱、画、演的活动结合起来，不仅能活跃课堂气氛，使学习活动多样化，而且能激发学生的学习动机和学习热情。激发学习动机莫过于让学生充分发挥他们的各种才能，寓教于乐，将学习体现在丰富有趣的课堂活动之中。本篇将介绍几种美国汉语教学中常用的课堂活动。

第二十章
看图画画儿讲故事

有一天，我让学生们复述电影《花木兰》的故事梗概，一个学生立即举手，起身将故事的内容向全班学生娓娓道来。看那声情并茂的样子，他似乎还沉浸在电影故事中。通过这件事情，我发现学生对生动的情节过目不忘。当他们的头脑里保存着电影的许多生动画面，他们在讲述故事时，这些画面就会历历在目，而故事的讲述过程就是一页一页地翻动这些画面的过程。

从理论上说，将头脑中的新信息转化为长时间储存的记忆信息，其方式就是把新信息与头脑中某种相关的事物或图像联系起来，当你触动储存信息的"开关"时，你就"打开"了许多相关的事物或图像。头脑中储存的视觉意象越多，信息和信息之间的联系越紧密，记忆效果就越好。上述讲故事的例子也说明，建立一个强烈的"心理映像"会戏剧般地帮助学生将信息和图像连接起来，从而更好地形成长时记忆。

学习通常包括理解和记忆两个层面。当学生学习一篇课文时，理解课文相对容易，但记住和复述课文就困难得多。对美国的初高中学生来说，用汉语记忆和复述一篇课文就更加有难度了。那么有什么办法可以帮助记忆呢？教师可让学生做记忆游戏。一篇故事或对话通常由10个左右的句子组成。如果不加以提示，学生用汉语复述一个故事所花的时间会很长，但是如果给出图片提示，让他们看图讲故事，学生记忆起来就会比较轻松，而且往往兴趣盎然。如果一篇故事或对话超过10句话，就可让学生以画图来作为课文的记忆"开关"。下面介绍三种常用的看图画画儿讲故事活动。

一、画图写故事

1. 使用微软 Word 软件绘制 4~8 个格子，格子的数量取决于故事或对话的长度。将绘制好的表格打印出来发给学生。

2. 学生在格子中画图，并且在每幅图片下写上文字，以说明故事情节或表现对话。

二、画图讲短故事

汉语课本中的故事一般都不长。初级课文不会超过 8~10 句，大多附有课文插图。中级课文长度可能在 12~15 句左右。高级课文的长度会有所增加。请看下面的例子：

帕兰卡是古波的女朋友。现在他们都学习汉语。他们的老师姓王，是中国人。王先生是他们的老师，也是他们的朋友。他们认识中国留学生丁云。丁云学习英语，也学习法语。帕兰卡常去学生宿舍看她。她们是很好的朋友。

针对上面这篇短课文，教师可以按如下步骤设计画图讲短故事活动：

步骤一：将课文合理划分为若干部分，教师指导每部分如何以图解文。

步骤二：使用微软 Word 软件绘制 4~8 个格子，格子的数量取决于故事或对话的长度。我将上述课文划分为 6 个部分，因此要画 6 个格子。具体示例如下：

图片 1： 古波和帕兰卡都在学习汉语	图片 2： 王老师正在教汉语	图片 3： 王老师与古波和帕兰卡在一起（喝茶或聊天）
图片 4： 帕兰卡和丁云在聊天	图片 5： 丁云在学英语和法语	图片 6： 帕兰卡在丁云的房间

步骤三：学生在格子中画图。图画要简洁明了，不要过于繁琐。尽量用简笔画，背景宜简单。

步骤四：选择最佳图片扫描并存入电脑。把图片投映到屏幕上并让学生口头描述。

以下是我的学生画的日常生活主题图片，供读者赏析：

图 20-1　画图讲短故事活动的学生作品

二、画图讲长故事

用视觉图像加强记忆是最有效的语言教学手段之一。图片可以帮助学生更好地记忆较长的课文。《拔萝卜》是美国小学汉语课本里的一篇课文。这个小故事来自俄罗斯的民间童话，很早以前就传到中国，成为家喻户晓的童话故事。这篇课文非常适合图解故事，因此我们用它来做示范。这篇课文可分为 8 个部分，划分方式如下：

表 20-1 《拔萝卜》课文划分表

汉语	拼音	英语
老公公种了个萝卜，他对萝卜说："长吧，长吧，萝卜啊，长得甜!"萝卜越长越大，大得不得了。	Lǎogōnggong zhòngle ge luóbo, tā duì luóbo shuō: "Zhǎng ba, zhǎng ba, luóbo a, zhǎng de tián!" Luóbo yuè zhǎng yuè dà, dà de bùdéliǎo.	An old man has planted a turnip. He is talking to the turnip, "Grow big, and grow sweet!" The turnip now grows big and extremely big.
老公公就去拔萝卜。他拉住萝卜的叶子，"嗨哟，嗨哟!"拔呀拔，拔不动。老公公喊："老婆婆，老婆婆，快来帮忙拔萝卜!"	Lǎogōnggong jiù qù bá luóbo. Tā lāzhù luóbo de yèzi, "hāiyo, hāiyo!" Bá ya bá, bá bu dòng. Lǎogōnggong hǎn: "Lǎopópo, lǎopópo, kuài lái bāngmáng bá luóbo!"	The old man now goes to harvest the turnip. He holds the huge leaves. "Hay ya, hay ya!" He pulls and pulls but can not pull it out. He calls on the old woman, "My dear, come to help. Quick!"
"唉!来了，来了。"老婆婆拉着老公公，老公公拉着萝卜叶子，一起拔萝卜。"嗨哟，嗨哟!"拔呀拔，还是拔不动。老婆婆喊："小姑娘，小姑娘，快来帮忙拔萝卜!"	"Āi! Lái le, lái le." Lǎopópo lāzhe lǎogōnggong, lǎogōnggong lāzhe luóbo yèzi, yìqǐ bá luóbo. "Hāiyo, hāiyo!" Bá ya bá, háishi bá bu dòng. Lǎopópo hǎn: "Xiǎo gūniang, xiǎo gūniang, kuài lái bāngmáng bá luóbo!"	"Oh, I am coming." The old woman holds the old man's waist. The old man holds the leaves and together they pull and pull but they can not move the turnip a bit. The old woman calls on a young girl, "Little girl, little girl, come to help. Quick!"

（续表）

汉语	拼音	英语
"唉！来了，来了。"小姑娘拉着老婆婆，老婆婆拉着老公公，老公公拉着萝卜叶子，一起拔萝卜。"嗨哟，嗨哟！"拔呀拔，还是拔不动。小姑娘喊："小狗儿，小狗儿，快来帮忙拔萝卜！"	"Āi! Lái le, lái le." Xiǎo gūniang lāzhe lǎopópo, lǎopópo lāzhe lǎogōnggong, lǎogōnggong lāzhe luóbo yèzi, yìqǐ bá luóbo. "Hāiyo, hāiyo!" Bá ya bá, háishi bá bu dòng. Xiǎo gūniang hǎn: "Xiǎo gǒur, xiǎo gǒur, kuài lái bāngmáng bá luóbo!"	"Oh, I am coming." The little girl holds the old woman's waist. The old woman holds the old man's waist. The old man holds the leaves and together they pull and pull but they can not move the turnip a bit. The girl calls on a dog, "Little dog, little dog, come to help. Quick!"
"汪，汪，汪！来了，来了。"小狗儿拉着小姑娘，小姑娘拉着老婆婆，老婆婆拉着老公公，老公公拉着萝卜叶子，一起拔萝卜。"嗨哟，嗨哟！"拔呀拔，还是拔不动。小狗儿喊："小花猫，小花猫，快来帮忙拔萝卜！"	"Wāng, wāng, wāng! Lái le, lái le." Xiǎo gǒur lāzhe xiǎo gūniang, xiǎo gūniang lāzhe lǎopópo, lǎopópo lāzhe lǎogōnggong, lǎogōnggong lāzhe luóbo yèzi, yìqǐ bá luóbo. "Hāiyo, hāiyo!" Bá ya bá, háishi bá bu dòng. Xiǎo gǒur hǎn: "Xiǎo huā māo, xiǎo huā māo, kuài lái bāngmáng bá luóbo!"	"Woof, woof, woof! I am coming." The little dog holds the little girl's waist. The little girl holds the old woman's waist. The old woman holds the old man's waist. The old man holds the leaves and together they pull and pull but they can not move the turnip a bit. The dog calls on a little dotted cat, "Little cat, little cat, come to help. Quick!"

（续表）

汉语	拼音	英语
"喵，喵，喵！来了，来了。"小花猫拉着小狗儿，小狗儿拉着小姑娘，小姑娘拉着老婆婆，老婆婆拉着老公公，老公公拉着萝卜叶子，一起拔萝卜。"嗨哟，嗨哟！"拔呀拔，还是拔不动。小花猫喊："小老鼠，小老鼠，快来帮忙拔萝卜！"	"Miāo, miāo, miāo! Lái le, lái le." Xiǎo huā māo lāzhe xiǎo gǒur, xiǎo gǒur lāzhe xiǎo gūniang, xiǎo gūniang lāzhe lǎopópo, lǎopópo lāzhe lǎogōnggong, lǎogōnggong lāzhe luóbo yèzi, yìqǐ bá luóbo. "Hāiyo, hāiyo!" Bá ya bá, háishi bá bu dòng. Xiǎo huā māo hǎn: "Xiǎo lǎoshǔ, xiǎo lǎoshǔ, kuài lái bāngmáng bá luóbo!"	"Meow, meow, meow! I am coming." The little cat holds the little dog's waist. The little dog holds the little girl's waist. The little girl holds the old woman's waist. The old woman holds the old man's waist. The old man holds the leaves and together they pull and pull but they can not move the turnip a bit. The little cat calls on a little mouse, "Little mouse, little mouse, come to help. Quick!"
"吱，吱，吱！来了，来了。"小老鼠拉着小花猫，小花猫拉着小狗儿，小狗儿拉着小姑娘，小姑娘拉着老婆婆，老婆婆拉着老公公，老公公拉着萝卜叶子，一起拔萝卜。"嗨哟，嗨哟！"拔呀拔，大萝卜有点儿松动了。再用力地拔呀拔，大萝卜终于拔出来了。	"Zī, zī, zī! Lái le, lái le." Xiǎo lǎoshǔ lāzhe xiǎo huā māo, xiǎo huāmāo lāzhe xiǎo gǒur, xiǎo gǒur lāzhe xiǎo gūniang, xiǎo gūniang lāzhe lǎopópo, lǎopópo lāzhe lǎogōnggong, lǎogōnggong lāzhe luóbo yèzi, yìqǐ bá luóbo. "Hāiyo, hāiyo!" Bá ya bá, dà luóbo yǒudiǎnr sōngdòng le. Zài yònglì de bá ya bá, dà luóbo zhōngyú bá chulai le.	"Squeak, squeak, squeak! I am coming." The little mouse holds the little cat's waist. The little cat holds the little dog's waist. The little dog holds the little girl's waist. The little girl holds the old woman's waist. The old woman holds the old man's waist. The old man holds the leaves and together they pull and pull. The big turnip begins to be loose. They pull again and the turnip finally gets out of the ground.

（续表）

汉语	拼音	英语
他们高高兴兴地抬着大萝卜回家去了。	Tāmen gāogāoxìngxìng de táizhe dà luóbo huíjiā qù le.	They carry the big turnip home happily.

对小学生来说，以上故事不仅语言生动形象，情节引人入胜，而且宣扬团队精神，具有教育意义。做看图画画儿讲故事游戏前，教师需要确保学生能够口头表达下列词语：

表 20-2　复述故事前学生需要掌握的词语列表

Words or Phrases	Pinyin	English
老公公	lǎogōnggong	the old man
老婆婆	lǎopópo	the old woman
小姑娘	xiǎo gūniang	the little girl
小花猫	xiǎo huā māo	the little dotted cat
小狗儿	xiǎo gǒur	the little dog
小老鼠	xiǎo lǎoshǔ	the little mouse
萝卜叶子	luóbo yèzi	the leaves of the turnip
拉着	lāzhe	hold
拔	bá	pull
终于	zhōngyú	finally

确保学生能够口头表达上述词语以后，教师可让学生画 8 张图片，择优扫描并存入电脑，利用 PowerPoint 幻灯片展示学生画的图片，并让学生看图复述故事内容。图片内容如下：

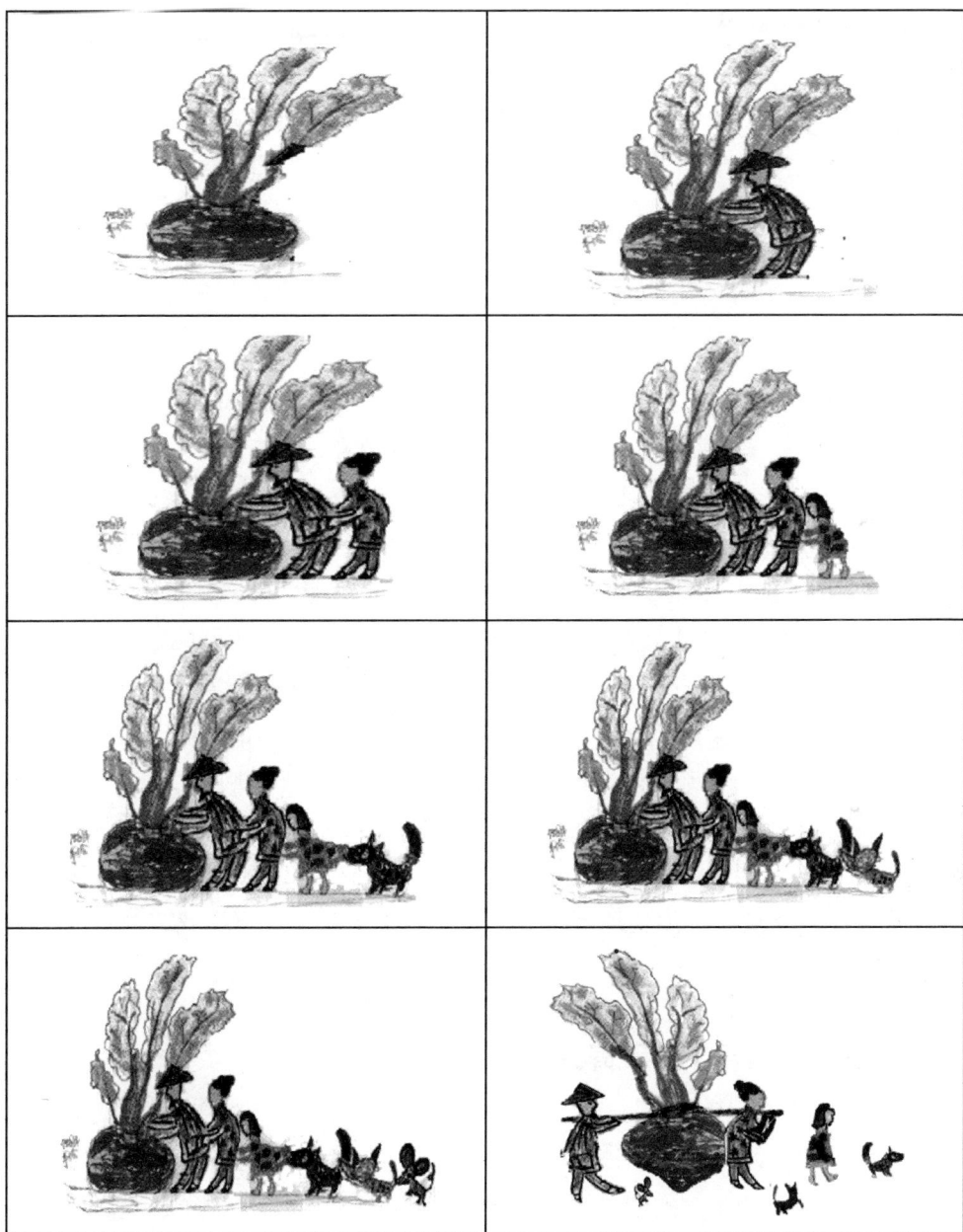

图 20-2 《拔萝卜》课文配图

第二十一章
Jeopardy 汉语智力问答游戏

　　Jeopardy 一词来自于美国电视综艺节目智力问答游戏，可以译为"急迫答"。问答内容包含历史、地理、工业、文学、科学、流行文化、体育运动等方方面面的知识。智力问答的形式与常规问答不同，是主持人给出答案，参赛选手根据答案来提问，这就是为什么在看美国广播公司每晚七点的智力问答游戏时，总看到选手提各种各样的问题。现在智力问答综艺节目的游戏板是一个巨大的电视墙，上面有五六栏列表，各栏标明每条答案对应的钱数，所有答案分属几个不同的主题。一般来说，游戏参赛者有三人。通常是答对者（问对者）从游戏板上选择一个钱数的答案条目，主持人宣读答案，三人抢答问题，答对者赢得条目标示的钱数，答错者则扣除这个钱数。游戏分为几个回合，参赛者首先要争取进入第二回合。每个回合的条目由易到难，标价则从 200 美元到 2000 美元不等。所有回合下来，游戏赢家可获得高达 25 万美元的奖金。有如此巨额的奖赏，许多人都跃跃欲试。其实，这样的智力问答游戏只要稍加变动就可以用于汉语课堂教学，下面我将对这个问题做一些讨论。

一、课堂"急迫答"游戏简介

　　汉语课堂上的"急迫答"是美国电视综艺节目"急迫答"的变化形式，是为美国汉语教学特别设计的游戏形式。由于学生对"急迫答"综艺节目早已非常熟悉，所以一听到主题音乐，他们就会摩拳擦掌、跃跃欲试。汉语课堂上的"急迫答"基本依照电视节目的形式，但并非完全生搬硬套。课堂上的"急迫答"智力问答内容需要和课程内容一致，包含概念定义、汉字解说、语法要点、词语和句子、中国文化知识等。随着越来越多的现代科学技术进入课堂教学，已经有越来越多的电脑版"急迫答"游戏被应用于课堂教学活动。如今，许多教室都配有投影仪或智能板，教师可在屏幕上轻松展示自己设计的"急迫答"智力游戏，并配上综艺节目的主题音乐，效果同电视"急迫答"完全一样。和传统的课堂教学活动相比，课堂"急迫答"游戏具有如下优势：

- 激发学生学习的积极性，充分体现寓教于乐。
- 以竞赛形式开展活动，吸引学生的注意力。
- 妙趣横生的问答游戏还可用于复习和课堂测试。

二、课堂"急迫答"游戏板的设计

课堂"急迫答"游戏跟电视"急迫答"游戏类似，但前者应根据课程内容的需要设定游戏板行和列的数量。以下三个游戏板中，每个类别栏下面的格子里的数字是学生给出正确答案（提出正确问题）后所得的分数。

1号游戏板：

设计这一游戏板的目的在于让学生复习巩固四类汉语词语的音义联系。所有词语都来自一年级的汉语教材，在游戏板中的排列顺序由易到难。

表21-1　1号游戏板

水果	城市	动物	颜色
100	100	100	100
200	200	200	200
300	300	300	300
400	400	400	400
500	500	500	500
600	600	600	600
700	700	700	700
800	800	800	800

表 21-2　1 号游戏板对应的陈述句

水果	城市	动物	颜色
1. It is a popular fruit with the English translation "apple". 苹果 píngguǒ **(apple)**	1. It is the first city in China that hosted the Olympic Games. 北京 Běijīng **(Beijing)**	1. This animal likes to eat fish. 猫 māo **(cat)**	1. It is the color that American like to wear at their weddings. 白色 báisè **(white)**
2. It is a kind of fruit mostly from Florida. 橘子 júzi **(orange)**	2. The name of this city literally means "up ocean". 上海 Shànghǎi **(Shanghai)**	2. It is the symbol of China. 龙 lóng **(dragon)**	2. It is the color of coffee and chocolate. 棕色 zōngsè **(brown)**
3. A character in the name of this fruit means "west" in Chinese. 西瓜 xīguā **(watermelon)**	3. The name of this city literally means "west peace" in Chinese. 西安 Xī'ān **(Xi'an)**	3. In ancient time, this animal was used to guard the entrance. 狗 gǒu **(dog)**	3. It is the color of grass and leaves. 绿色 lǜsè **(green)**
4. The fruit with a crescent moon shape has its first character in the name meaning "fragrance". 香蕉 xiāngjiāo **(banana)**	4. The city is a harbour and smells good. 香港 Xiānggǎng **(Hong Kong)**	4. It is the animal that a few Chinese farmers still depend on. 牛 niú **(cow)**	4. It is a color to describe the clear sky. 蓝色 lánsè **(blue)**

(续表)

水果	城市	动物	颜色
5. In *Aesop's Fables*, the fox can't reach them and says, "They are sour." 葡萄 pútao **(grapes)**	5. The city is the capital city of Tibet Autonomous Region, China. 拉萨 Lāsà **(Lhasa)**	5. The name of this animal refers to both goat and sheep in English. 羊 yáng **(sheep)**	5. It is a Chinese funeral color. 黑色 hēisè **(black)**
6. In Chinese culture, when you eat this fruit, you should not share with others because this is a bad omen. 梨 lí **(pear)**	6. The previous name of the city called by Americans was Canton. 广州 Guǎngzhōu **(Guangzhou)**	6. The character 家 which means home contains this animal. 猪 zhū **(pig)**	6. It is a color often used in Chinese wedding ceremonies. 红色 hóngsè **(red)**
7. It is a subacid, juicy, drupaceous fruit of a tree called Prunus persica. 桃子 táozi **(peach)**	7. This city is located in the north of Taiwan Province of China. 台北 Táiběi **(Taipei)**	7. This animal is very famous in a restaurant in Beijing called *Quanjude*. 鸭子 yāzi **(duck)**	7. It is a traditional Chinese color relevant to emperorship. 黄色 huángsè **(yellow)**
8. The name of this fruit contains the name of the Chinese imaginary bird—phoenix. 凤梨 fènglí **(pineapple)**	8. This south-east city is a paradise city under heaven in China and was at one time Chinese capital in Chinese history. 杭州 Hángzhōu **(Hangzhou)**	8. This animal is the tenth animal of the Chinese Zodiac. 鸡 jī **(chicken)**	8. The name of the Forbidden City in Beijing contains the name of this color. 紫色 zǐsè **(purple)**

参赛者要用汉语提出问题，或者适当降低要求，用掺杂着英语的汉语提出问题，但关键词必须用汉语。例如，针对"It is a kind of fruit mostly from Florida"这句话，应该这样提问："橘子是什么？"如果降低要求，"What is 橘子？"也是可以接受的。

2 号游戏板：

以下游戏板的设计目的是帮助学生复习所学知识，包括汉字、拼音、词语、语法和句子。

表 21-3　2 号游戏板

汉字	拼音	词语	语法	句子
100	100	100	100	100
200	200	200	200	200
300	300	300	300	300
400	400	400	400	400
500	500	500	500	500

表 21-4　2 号游戏板对应的陈述句

汉字	拼音	词语	语法	句子
1. This character is the name of spring. 春 chūn **(spring)**	1. It is the spelling of the Great Wall of China. Chángchéng 长城	1. It is a famous Chinese tea with its name literally meaning "dragon and well". 龙井 Lóngjǐng **(longjing tea)**	1. This adverb means "relatively" or "comparative-ly". 比较 bǐjiào	1. It is a sentence used by waiters when taking the order in a restaurant. 你想点什么？ Nǐ xiǎng diǎn shénme?

（续表）

汉字	拼音	词语	语法	句子
2. This character is the name of vinegar. 醋 cù **(vinegar)**	2. This spelling means beef. niú ròu 牛肉	2. It is a vegetable with its name literally meaning "four seasons beans". 四季豆 sìjìdòu **(kidney bean)**	2. This word indicates that a sentence is a simple question. 吗 ma	2. This sentence literally means "I am starving to death". 我饿死了。 Wǒ è sǐ le.
3. This character is the combination of fire and test. 烤 kǎo **(roast)**	3. This spelling means orange juice. júzi zhī 橘子汁	3. It is a fruit with its name literally meaning "dragon eye". 龙眼 lóngyǎn **(longan)**	3. This word is to make a comparison between A and B. 比 bǐ	3. This sentence means "I like to drink Coke". 我喜欢喝可乐。 Wǒ xǐhuan hē kělè.
4. This character has a human tongue and a sweet taste. 甜 tián **(sweet)**	4. This spelling has two parts, one being the spelling of beer and the other the spelling of wine. píjiǔ 啤酒	4. It is a vegetable with its name literally meaning "yellow melon". 黄瓜 huángguā **(cucumber)**	4. This word is to link two choices in question sentences. 还是 háishi	4. It is a sentence meaning "This fish looks very fresh". 这条鱼看起来很新鲜。 Zhè tiáo yú kàn qilai hěn xīnxiān.

（续表）

汉字	拼音	词语	语法	句子
5. This character has two creatures—a fish and a sheep. 鲜 xiān **(fresh)**	5. This spelling is for black tea. hóngchá 红茶	5. It is a fruit with its name literally meaning "west melon". 西瓜 xīguā **(watermelon)**	5. This word indicates the slight degree. 一点儿 yìdiǎnr	5. It is a alternative question meaning "Do you want to eat vegetables or meat?" 你想吃菜还是吃肉？ Nǐ xiǎng chī cài háishi chī ròu?

第一栏是汉字问答，要求参赛者写出汉字并同时说出"汉语的……怎么写？"第二栏是拼音问答，要求参赛者说出"……怎么拼？"或者"……这个拼音是什么意思？"第三栏是词语问答，参赛者要说出"……是什么？"第四栏是语法问答，要求参赛者说出"……这个词是什么意思？"或者"……这个词怎么用？"第五栏是句子问答，参赛者要说出"……这句话是什么意思？"

3号游戏板：

以下游戏板的设计目的是帮助学生熟悉并巩固所学中国文化知识，包括节日、建筑、历史、服饰、艺术、武术。

表21-5 3号游戏板

节日	建筑	历史	服饰	艺术	武术
100	100	100	100	100	100
200	200	200	200	200	200
300	300	300	300	300	300
400	400	400	400	400	400

（续表）

节日	建筑	历史	服饰	艺术	武术
500	500	500	500	500	500
600	600	600	600	600	600
700	700	700	700	700	700
800	800	800	800	800	800
900	900	900	900	900	900
1000	1000	1000	1000	1000	1000

表 21-6　3号游戏板对应的陈述句

节日	建筑	历史	服饰	艺术	武术
1. On this day, Chinese celebrate this festival with moon cakes.	1. It was built in 1420 AD in the Ming Dynasty to offer sacrifices to Heaven.	1. On October 1, 1949, with this city as national capital, the People's Republic of China was formally established.	1. As a uniform that Dr Sun Yat-sen liked to wear, this plain, high-necked shirt was customarily worn by the top leaders and the people of China.	1. It is a traditional folk musical instrument in China, characterized by two strings and a deep, mellow sound. One of the famous pieces *The Moon Reflected on the Second Spring*, composed by the blind artist Ah Bing, is played by it.	1. It is another name of Chinese martial arts or *wushu* in Chinese and it is frequently used in colloquial Chinese.
中秋节 Zhōngqiūjié **(Mid-Autumn Festival)**	天坛 Tiāntán **(Temple of Heaven)**	北京 Běijīng **(Beijing)**	中山装 zhōngshānzhuāng **(Chinese tunic suit)**	二胡 èrhú **(erhu)**	功夫 gōngfu **(kung fu)**

（续表）

节日	建筑	历史	服饰	艺术	武术
2. This festival has now become an important occasion for people to offer remembrance and sacrifices to their ancestors. 清明节 Qīngmíngjié (Tomb Sweeping Day)	2. This structure of more than 2000 years is one of the seven wonders of the world. It looks like a dragon winding across China. 长城 Chángchéng (Great Wall)	2. He unified China and became the first emperor in Chinese history. He took a series of important measures to strengthen the rules of his empire and built the Great Wall. 秦始皇 Qín Shǐhuáng (Emperor Qinshihuang)	2. It is a classical dress for Chinese women which combines the elaborate elegance of Chinese tradition with unique elements of style with a fitting waist and an attractive slit skirt. 旗袍 qípáo (cheongsam)	2.It is a kind of traditional folk art in which people take scissors or gravers as the tools to cut or carve various patterns on paper. 剪纸 jiǎnzhǐ (Chinese paper-cutting)	2. This is a Chinese martial art that is characterized by aggressive close-range combat. Ye Wen and Li Xiaolong are two well-known masters of it. 咏春拳 Yǒngchūnquán (Wing Chun Fist)

节日	建筑	历史	服饰	艺术	武术
3. This festival has the same importance as Christmas in America and falls on the first day of the first lunar month which is one month after the solar calendar.	3. It is also known as the Imperial Palace, the largest ancient palace in the world with clusters of well-preserved buildings located in the center of Beijing which symbolizes the center of the universe.	3. During the reign of Emperor Wudi, this historian wrote a grand historical book and made an important contribution to Chinese history.	3. It is a satin jacket with Chinese-style cotton buttons and traditional designs. When the Spring Festival comes, Chinese people around the world always wear it to express the feeling of happiness and the wish for good luck. 唐装 **tángzhuāng (attire of traditional Chinese style)**	3. This small-to-medium-size tie made of red fibers is now mostly used for decoration and luck charm purposes and seen in the gift store windows or on the display of street venders' tables in China.	3. This Chinese martial art well-known to Westerners as the slow motion routines is typically practiced by old people in parks for health and longevity purposes.
春节 Chūnjié **(Spring Festival)**	紫禁城 Zǐjìnchéng **(Forbidden City)**	司马迁 Sīmǎ Qiān **(Sima Qian)**		中国结 Zhōngguójié **(Chinese knot)**	太极拳 Tàijíquán **(Tai chi chuan)**

（续表）

节日	建筑	历史	服饰	艺术	武术
4. Celebrated on the seventh night of the seventh lunar month, this festival is one of the most romantic Chinese festivals which commemorates the annual reunion of the Herd-boy and the Weaving-girl. 七夕节 Qīxījié **(Qixi Festival)**	4. It is a typical architectural style in Chinese landscape gardening with a long, belt-like structure and a roofed walk with low railings or long side benches to provide people with shade from the sun and protection from the rain. 长廊 chángláng **(covered walk)**	4. This dynasty is considered to be one of the most powerful and prosperous dynasties in Chinese history with its highly developed economy, splendid culture and harmonious society. Li Shimin is a well-known emperor of this dynasty. 唐朝 Tángcháo **(Tang Dynasty)**	4. Initially worn by the soldiers, this outdoor jacket was designed to have short, baggy sleeves and a high waist to enhance the mobility of horseback riding and to keep warm. 马褂 mǎguà **(mandarin jacket)**	4. This special art is from Chinese operas, especially Beijing opera, where it distinguishes different roles and reveals their dispositions and moral qualities via artistic exaggeration, truthful portrayals and symbolism. 脸谱 liǎnpǔ **(type of facial makeup in traditional Chinese operas)**	4. This inner energy or "life force" is able to animate human beings and be improved and strengthened through the regular practice of various physical and mental exercises to such an extent that it can be used for healing oneself or others. 气功 qìgōng **(qigong)**

（续表）

节日	建筑	历史	服饰	艺术	武术
5. It falls on the 15th day of the first lunar month, when people light lanterns, guess lantern riddles and eat glutinous rice dumplings.	5. This is the only distinctly Buddhist type of building which derived from the Indian stupa.	5. This woman of the Manchu Yehe Nara clan was selected by Emperor Xianfeng as a concubine and became the de facto ruler, ruling over China for 47 years.	5. This elegant and beautiful Chinese silk piece is a traditional kind of Chinese bra or intimate wear with some exquisite patterns on it.	5. Developed in China during the Tang Dynasty, this art requires the artist to prepare the Chinese ink with a few drops of water on an ink stone and to grind the ink stick on the stone and draw beautiful pictures of the nature.	5. He is an actor, film director, producer and singer in his kung fu movies from Hong Kong and Hollywood.
元宵节 Yuánxiāojié **(Lantern Festival)**	佛塔 fótǎ **(stupa)**	慈禧太后 Cíxǐ Tàihòu **(Empress Dowager Cixi)**	肚兜 dùdōu **(bellyband)**	水墨画 shuǐmòhuà **(wash painting)**	成龙 Chéng Lóng **(Jackie Chan)**

（续表）

节日	建筑	历史	服饰	艺术	武术
6. This festival is to commemorate the founding of the PRC. Chinese people have a seven-day holiday for this festival.	6. It is a simple quadrangle house in Beijing of one square courtyard with the main buildings on the three sides around and a gate in the front.	6. In order to display the national power and strengthen contacts with other countries, he was sent by Emperor Chengzu to the Western Seas seven times from 1405 to 1433. He is considered the most important Chinese adventurer of all time and one of the greatest sailors the world has ever known. 郑和 Zhèng Hé **(Zheng He)**	6. With thousands years of history in China, it is a traditional handicraft of decorating fabric or other materials with needle and thread to create various patterns. 刺绣 cìxiù **(embroidery)**	6. This art is to write with special skills Chinese calligraphy or poems and to draw paintings on the sectors of the device which is the tool to generate a current of air in hot weather. 扇面艺术 shànmiàn yìshù **(arts on the covering of a fan)**	6. This American-born martial artist of Chinese descent was the founder of the Jeet Kune Do martial arts system and was widely regarded as the most influential martial artist of the 20th century and a cultural icon in America. 李小龙 Lǐ Xiǎolóng **(Bruce Lee)**
国庆节 Guóqìngjié **(National Day)**	四合院 sìhéyuàn **(courtyard dwelling)**				

（续表）

节日	建筑	历史	服饰	艺术	武术
7. This festival is to commemorate Qu Yuan, a famous statesman and poet with a snack food called *zongzi* and the dragon boat race.	7. It features dark grey roofs, white walls, dark brown or greenish black wooden pillars, bridges, pavilions, corridors and artificial rock mountains in a limited space.	7. He was one of the greatest strategists in China, as well as a statesman, engineer, scholar and legendary inventor of *baozi*. He has an uncommon two-character surname.	7. This product of China has a history of more than 5000 years and it built a bridge between China and Europe and became the symbol of the cultural and economic exchange between the East and the West.	7. Parallel to western woodcut, for hundreds of years Chinese had this wood art and the beauty of these sculptures lies in their imperfections by virtue of artists' imagination and creation.	7. In the past, Chinese martial artists competed against one another on it to prove their belief that martial arts training should eventually lead to and be proven by actual combat.
端午节 Duānwǔjié **(Dragon Boat Festival)**	苏州园林 Sūzhōu yuánlín **(Suzhou gardens)**	诸葛亮 Zhūgě Liàng **(Zhuge Liang)**	丝绸 sīchóu **(silk)**	根雕 gēndiāo **(tree-root carving)**	擂台 lèitái **(platform for martial arts contest)**

（续表）

节日	建筑	历史	服饰	艺术	武术
8. On the ninth day of the ninth lunar month, younger generations bring elder ones to suburban areas to climb mountains and send gifts to them. People eat Double Ninth cakes, wishing to progress in everything.	8. This bridge in Zhaoxian County of Hebei Province is the oldest existing stone arch bridge in China, designed by Li Chun, a Sui Dynasty mason.	8. In 1644, the Manchus took over China and founded this dynasty in which the arts flowered and one of the greatest novels in Chinese history, *The Dream of the Red Chamber* was written.	8. This collar is a short unfolded stand-up collar on a shirt or jacket, starting at the neckline and typically rising vertically two to five centimeters up.	8. It is one of the best new year decorating paintings from a small town in Tianjin called Yangliuqing and it features mainly figures, including old-style maids and babies.	8. In martial arts training, this posture is the foundation and a form of a fighter's base to maintain body balance so that series of movements can be performed.
重阳节 Chóngyángjié **(Double Ninth Festival)**	赵州桥 Zhàozhōu Qiáo **(Zhaozhou Bridge)**	清朝 Qīngcháo **(Qing Dynasty)**	立领 lìlǐng **(stand-up collar)**	杨柳青年画 Yángliǔqīng niánhuà **(Yangliuqing New Year Paintings)**	马步 mǎbù **(horse-riding step)**

（续表）

节日	建筑	历史	服饰	艺术	武术
9. It falls on the eighth day of the 12th lunar month, when people eat garlic preserved in vinegar and a special kind of porridge.	9. This shrine of Buddhist art treasures is located in southeast of Dunhuang City. It is famous for countless Buddhist sculptures.	9. In this dynasty, perhaps because of the emperor's background as a peasant, the economic system emphasized agriculture, unlike that of Song and Yuan Dynasties, which relied on traders and merchants for revenue.	9. It is a traditional jade ornament worn by ancient Chinese people on the waist. It is said that this article can ward off evil spirits and bring to its wearer happiness and good luck.	9. Excavated from Chinese tombs, it gives us a lot of information about ancient Chinese farms, pigs, goats, water towers and dancing girls from royal courts, and even camels led by Middle East travelers along the Silk Road.	9. This Buddhist temple at Songshan Mountain in Henan Province was built by the Emperor Hsiao-Wen in 495 AD, and is famous for its martial arts.
腊八节 Làbājié **(Laba Festival)**	莫高窟 Mògāo Kū **(Mogao Caves)**	明朝 Míngcháo **(Ming Dynasty)**	玉佩 yùpèi **(jade pendant)**	陶塑 táosù **(pottery figure)**	少林寺 Shàolín Sì **(Shaolin Temple)**

215

（续表）

节日	建筑	历史	服饰	艺术	武术
10. On this day, the daytime lasts the shortest while the night lasts the longest of the year. People often eat dumplings on this day.	10. Located in Pudong Park in Shanghai, this 468-meter-high tower surrounded by the Yangpu Bridge in the northeast and the Nanpu Bridge in the southwest creates a picture of twin dragons playing with pearls.	10. This refers to a transport route connecting ancient China with Central Asia, West Asia, Africa and the European continent. It appeared as early as the second century and was traveled mainly by silk merchants.	10. It is a traditional silk ornament with some exquisite patterns on it and fragrant herbs in it. When the Dragon Boat Festival comes, people always wear this article to express their wish for good luck and prevent disease.	10. This art puts live trees, shrubs, flowers, miniature mountains, watercourses, rocks and small ponds in a little container to recreate actual landscapes.	10. This martial arts movie directed by Ang Lee won four Academy awards in 2000 with Zhang Ziyi as the leading actress.
冬至 Dōngzhì (Winter Solstice)	东方明珠电视塔 Dōngfāng Míngzhū Diànshìtǎ (The Oriental Pearl TV Tower)	丝绸之路 Sīchóu Zhī Lù (The Silk Road)	香包 xiāngbāo (sachet)	盆景 pénjǐng (potted landscape)	卧虎藏龙 Wò Hǔ Cáng Lóng (Crouching Tiger, Hidden Dragon)

三、课堂"急迫答"游戏板的创建

网上有很多"急迫答"游戏板，并且有些是兼容汉语的。但是要想找到一个完全令人满意的游戏板却并不容易，因为网上的游戏板很难涵盖所有你想要练习或考查的问题。此时，教师就需要自己创建"急迫答"游戏板，我一般使用微软的PowerPoint软件来创建游戏板。以上面的2号游戏板为例，现对"急迫答"游戏板的创建方法详述如下：

首先在PowerPoint幻灯片中创建一个空白演示文稿，在第一页幻灯片上绘制一个智力问答板表格，如下所示：

Jeopardy (For Classroom Use)

Characters	Pinyin	Phrases	Grammar	Sentences
100	100	100	100	100
200	200	200	200	200
300	300	300	300	300
400	400	400	400	400
500	500	500	500	500

图 21-1 "急迫答"游戏板的创建（第一步）

然后新建第二页幻灯片，输入"Characters"条目下第一条钱数为100的题目的内容，如下所示：

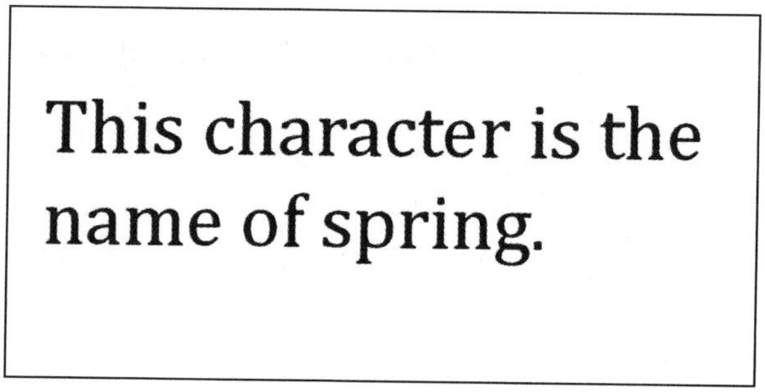

This character is the name of spring.

图 21-2 "急迫答"游戏板的创建（第二步）

接下来将第一张幻灯片中"Characters"条目下的"100"超链接到第二张幻灯片上。如下所示：

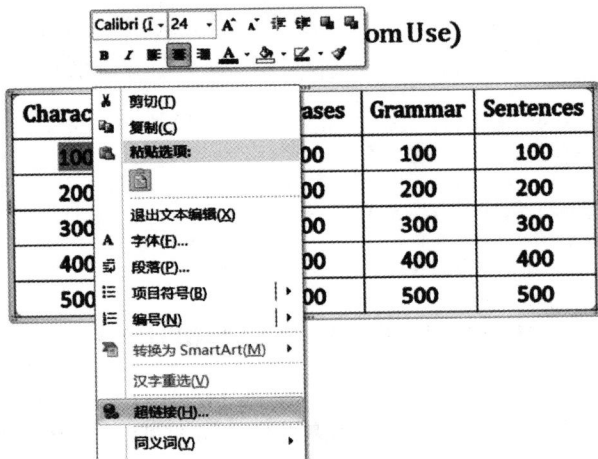

图 21-3 "急迫答"游戏板的创建（第三步）（1）

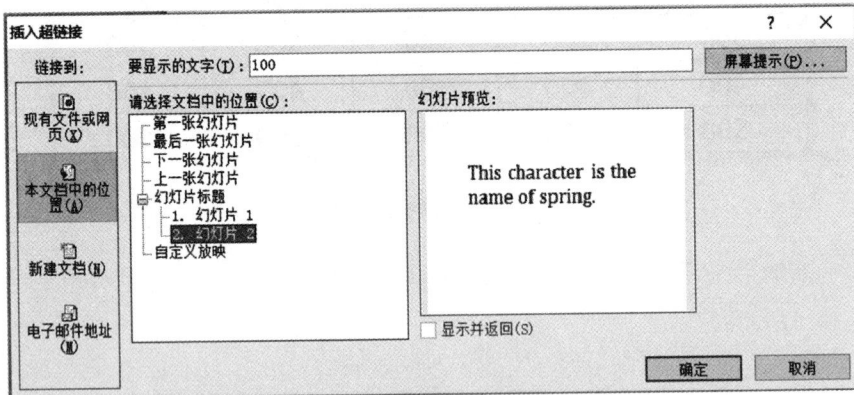

图 21-4 "急迫答"游戏板的创建（第三步）（2）

对智力问答游戏板中的其他条目，按同样的方法创建幻灯片并设置超链接。链接完每个条目后，游戏板创建完成，教师就可以开始游戏活动了。有的教师也会为游戏配上背景音乐，营造激烈、紧张的游戏氛围。如要配乐，只需在互联网上找到合适的音乐，保存到急迫答游戏幻灯片所在的文件夹里，然后将音乐插入到每一张幻灯片中即可。

第二十二章
歌曲演唱

　　大多数外语教师都知道歌曲用于外语教学的显著效果，但关键是如何针对语言水平不同的学生选择恰当的歌曲进行辅助教学。例如，如果教学生学习汉语数字，中文数字歌是最佳选择。这首歌不仅旋律简单易学，而且歌词就是数字，可以帮助学生很好地记忆汉字数字，甚至许多年以后，学生仍然能对歌曲和数字记忆犹新。

　　一首歌由旋律和歌词组成。在课堂上学唱汉语歌的目的在于学会歌曲中的生词、短语和句子，花太长时间去学习歌曲旋律是不可取的。因此，教师最好选择学生熟悉的、能够随口哼唱的流行歌曲，并发挥创造性和主动性，在歌词上下功夫，开展教学活动，才能达到事半功倍的效果。教师可参考以下教学步骤：

　　步骤一：学生以小组为单位收集他们喜爱的流行歌曲。

　　步骤二：教师帮助学生选出他们喜爱的歌曲并指导学生将歌词翻译成汉语。为使学生顺利完成翻译，教师可挑选出学生不认识的生词，并列出生词表。

　　步骤三：教师挑选乐器伴奏者。一般来说，班上总有一些会演奏乐器的学生，从中挑选几个学生当乐器伴奏者并不难，但应该要求他们事先排练。

　　步骤四：给出一定时间，让学生学唱并排练歌曲。

　　步骤五：举行歌唱表演比赛，邀请学生家长参加，并为学生的表演录音，制成光盘，最后给出评分。

　　当然，以上任务活动要求学生具有一定的汉语水平并且课堂纪律严明。如果学生达不到上述要求，不能自己完成有关步骤，教师可在课堂上教唱歌。首先从教歌词入手，先让学生熟悉歌词中的生词、短语和句子，再通过多种练习加以巩固，使他们深入理解所学的内容，然后教唱歌曲，最后按照上面第五步，举行歌唱表演比赛，给出评分。下面，以几首脍炙人口的中外儿童歌曲为例，来具体讲解用歌曲教汉语的课堂活动方法。

歌曲一：If You Are Happy and You Know It

英文歌词（第一段）：

> If you're happy and you know it,
>
> Clap your hands.
>
> If you're happy and you know it,
>
> Clap your hands.
>
> If you're happy and you know it,
>
> Then your face will surely show it.

对上述英文歌词进行翻译并稍加改编，我们就得到了适合教学的汉语歌词。

Nǐ yào juéde gāoxìng nǐ jiù pāipai shǒu. Nǐ yào

你要 觉得 高兴 你就 拍拍 手。 你要

If you're happy, clap your hands. If you're

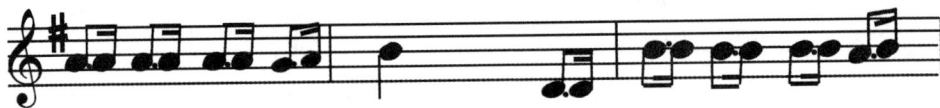

juéde gāoxìng nǐ jiù pāipai shǒu. Nǐ yào juéde gāoxìng nǐ jiù pāipai

觉得 高兴 你就 拍拍 手。 你要 觉得 高兴 你就 拍拍

happy, clap your hands. If you're happy, clap your hands,

shǒu ya pāipai shǒu. Nǐ yào juéde gāoxìng nǐ jiù pāipai shǒu.

手 呀 拍拍手。 你要 觉得 高兴 你就 拍拍 手。

clap your hands. If you're happy, clap your hands.

这首歌的歌词非常适合用身体动作来感知和理解。（见第九章"全身反应法"）
在唱歌时，学生一边唱一边随着歌词做出各种动作。身体随着歌曲旋律和歌词内容做出相应动作，这是语言记忆最有效的途径之一。同时，通过对这首歌的歌词进行改编，教师不仅可以用它来教汉语的条件从句，也可以让学生练习动词和名词的搭配以及动词重叠等其他变化形式。教师可以用其他动词词组来替换"拍拍手"，用其他形容词来替换"高兴"，还可灵活改编歌词中条件从句的内容来练习汉语条件从句。例如：

动词词组：弹弹舌、拍拍腿、跺跺脚、敲敲锣、打打鼓、碰碰铃、吹吹笛、笑一笑、跳一跳、走一走、喊一喊。

形容词：难受、兴奋、伤心、忙碌、疲惫、劳累、激动。

条件从句：这首歌仅有的一句歌词"你要觉得高兴你就拍拍手"实际上是一个条件从句，可以改为"如果你觉得高兴的话，你就拍拍手"。将这个条件从句中的动词词组、形容词做适当改动，我们可以得到各种各样的汉语句子，如下：

表 22-1 改动歌词后的汉语句子

如果觉得愤怒你就大声喊。 Rúguǒ juéde fènnù nǐ jiù dà shēng hǎn.	If you feel angry then you yell aloud.
如果觉得不好你就别来了。 Rúguǒ juéde bù hǎo nǐ jiù bié lái le.	If you don't feel well then you don't come.
如果天太晚了你就要离开。 Rúguǒ tiān tài wǎn le nǐ jiù yào líkāi.	If it is too late, you may leave.
如果下雨你就带把伞。 Rúguǒ xiàyǔ nǐ jiù dài bǎ sǎn.	If it is raining, you carry an umbrella.
如果下雪你就别开车。 Rúguǒ xiàxuě nǐ jiù bié kāi chē.	If it is snowing, you don't drive your car.

歌曲二：《林中大树》（英国民歌）

zài   nà   shùlín zhōng wǒmen zhòngle yì kē shù.
在   那   树林   中   我们   种了 一 棵 树。

In the woods we plant a tree.

Nà   shì   nǐ   jiànguo de   zuì měi yì kē shù.
那   是   你   见过 的   最 美 一 棵 树。

That is the most beautiful tree you have ever seen.

Nà   kē shù zài lín zhōng,   nà kē shù zài lín zhōng.
那   棵 树 在 林 中，   那 棵 树 在 林 中。

That tree is in the woods, that tree is in the woods.

Lǜ sè de yèr   zhǎng mǎn shù,   zhǎng   mǎn   shù.
绿 色 的 叶儿 长 满 树，   长   满   树。

Green leaves cover the tree, cover the tree.

Lǜ sè de yèr   zhǎng mǎn   shù.
绿 色 的 叶儿   长 满   树。

Green leaves cover the tree.

教师可以挑出歌词中学生不认识的生词，例如：

表22-2 《林中大树》歌词中的生词

生词	拼音	英语	生词	拼音	英语
在	zài	at, in	是	shì	be
那	nà	that	见过	jiànguo	have seen
树林	shùlín	woods	最	zuì	most
中	zhōng	middle	美	měi	beautiful
我们	wǒmen	we	绿色	lǜsè	green
种	zhòng	plant	叶子	yèzi	leaf
棵	kē	measure word for plants	长	zhǎng	grow
树	shù	tree	满	mǎn	full

教师还可以对以下两个语法点进行讲解：

1. 在那树林中我们种了一棵树。

"在"是一个介词，在这句歌词中引导一个表示处所的成分"那树林中"，构成一个介词短语。除了歌词中的用法，教师还可以列举其他"在"引导的介词短语的例子，如：

表22-3 "在"引导的介词短语

介词短语	短语举例	英语翻译
在……前（边）	在大楼前（边）	in front of the building
在……后（边）	在大楼后（边）	behind the building
在……左（边）	在公路左（边）	on the left side of the road
在……右（边）	在公路右（边）	on the right side of the road
在……上（面）	在云彩上（面）	above the cloud
在……下（面）	在云彩下（面）	beneath the cloud

（续表）

介词短语	短语举例	英语翻译
在……里（面）	在盒子里（面）	inside the box
在……外（面）	在盒子外（面）	outside the box

2. 那是你见过的最美一棵树。

在以上句子中，形容词前的"最"表示最高级，指某事物的某种属性超过所有同类事物，如"最好"和"最高"分别表示跟所有同类事物相比，某一事物在好、高方面是第一的。关于常见的形容词和"最"的搭配，请见下表：

表 22-4　常见的形容词和"最"的搭配

最	好	best	最	美丽	most beautiful
	坏	worst		容易	easiest
	大	biggest		方便	most convenient
	小	smallest		正确	most correct
	贵	most expensive		乐观	most optimistic
	贱	cheapest		高兴	happiest
	深	deepest		灵活	most flexible
	浅	most shallow		滑稽	funniest
	高	highest		愚蠢	stupidest
	低	lowest		可怜	most miserable

歌曲三：《茉莉花》（江苏民歌）

1=F　Hǎo yì duǒ měi　lì de　mò lì　huā!　Hǎo yì duǒ měi　lì de
　　　好 一 朵 美　丽 的　茉 莉　花!　好 一 朵 美　丽 的

How beautiful is a jasmine flower!　　How beautiful is a

* 这首歌原调是降 E 调，为方便学生演唱，这里改为 F 调。

mò lì huā! Fēn fāng měi lì mǎn zhī yā,
茉 莉 花！ 芬 芳 美 丽 满 枝 丫
jasmine flower! Fragrant, beautiful and full-blown,

yòu xiāng yòu bái rén rén kuā. Ràng wǒ lái jiāng
又 香 又 白 人 人 夸。 让 我 来 将
everyone praises its sweet smell and white. Let me pick you up and

nǐ zhāi xià, sòng gěi bié rén jiā. Mò lì
你 摘 下， 送 给 别 人 家。 茉 莉
give you to other people. Jasmine

huā ya mò lì huā!
花 呀 茉 莉 花！
flower, jasmine flower!

表 22-5 《茉莉花》歌词中的生词

生词	拼音	英语	生词	拼音	英语
朵	duǒ	measure word for flowers, clouds, etc	香	xiāng	sweet-smelling

(续表)

生词	拼音	英语	生词	拼音	英语
美丽	měilì	beautiful	夸	kuā	praise
茉莉花	mòlìhuā	jasmine flower	让	ràng	let
芬芳	fēnfāng	fragrant	摘	zhāi	pick up
满	mǎn	full	送	sòng	give
枝丫	zhīyā	twigs	别人家	biérénjiā	other people

歌曲四：《我的好妈妈》

Wǒ de hǎo mā ma, xià bān huí dào jiā.
我 的 好 妈 妈, 下 班 回 到 家。

My good mammy gets home after work.

Láo dòng le yì tiān, duō me xīn kǔ ya!
劳 动 了 一 天, 多 么 辛 苦 呀!

You work a whole day, how hard it is!

Mā ma, mā ma, kuài zuò xia, qǐng hē yì bēi chá.
妈 妈, 妈 妈, 快 坐 下, 请 喝 一 杯 茶。

Mammy, mammy, sit down quickly, please drink a cup of tea.

Ràng wǒ   qīn qin nǐ   ba,   wǒ de hǎo mā   ma,
让 我   亲 亲 你   吧，   我 的 好 妈   妈，
Let me kiss you, my good mammy,

wǒ de hǎo mā   ma.
我 的 好 妈   妈。
my good mammy.

表 22-6 《我的好妈妈》歌词中的生词

生词	拼音	英语	生词	拼音	英语
下班	xiàbān	leave off work	坐下	zuòxia	sit down
回	huí	go back	请	qǐng	please
家	jiā	home	喝	hē	drink
劳动	láodòng	work	杯	bēi	cup
多么	duōme	how	茶	chá	tea
辛苦	xīnkǔ	hard	让	ràng	let
快	kuài	quickly	亲	qīn	kiss

　　这首歌的歌词中都是非常简单的基础词汇，非常适合幼儿园孩子和小学生学唱。如果孩子们不会唱，可以先用英文学唱，然后再用汉语演唱，以便让孩子更好地记住汉语歌词。教师还可以让孩子们边唱边表演，比如让一个女孩扮演妈妈，另选一个男孩扮演孩子。通过这种表演的形式，孩子们能够更深地体会到要爱戴、尊敬自己的妈妈。教师还可以改编歌词，把歌词中的"妈妈"变成"爸爸""奶奶"等，

教孩子不仅爱妈妈，还要爱家里的其他长辈。

　　语言方面，这首歌包括两个语气词——"呀"和"吧"。教师可以找出更多使用这两个语气词的简单句，帮助孩子更快掌握这两个词的用法。

歌曲五：《一二三》

Yī èr sān sì wǔ, liù qī bā jiǔ shí.
一 二 三 四 五， 六 七 八 九 十。
One two three four five, six seven eight nine ten.

Yī èr sān sì wǔ, liù qī bā jiǔ shí.
一 二 三 四 五， 六 七 八 九 十。
One two three four five, six seven eight nine ten.

Lǎo shī hǎo! Tóng xué men hǎo!
老 师 好! 同 学 们 好!
Hello teacher! Hello classmates!

Nǐ hǎo! Nǐ hǎo! Nǐ hǎo! Zài jiàn! Zài jiàn!
你 好! 你 好! 你 好! 再 见! 再 见!
Hello! Hello! Hello! Goodbye! Goodbye!

表 22-7 《一二三》歌词中的生词

生词	拼音	英语	生词	拼音	英语
一	yī	one	九	jiǔ	nine
二	èr	two	十	shí	ten
三	sān	three	老师	lǎoshī	teacher
四	sì	four	好	hǎo	good
五	wǔ	five	同学们	tóngxuémen	classmates
六	liù	six	你好	nǐ hǎo	hello
七	qī	seven	再见	zàijiàn	goodbye
八	bā	eight			

　　这首歌是学习汉语数字一到十的很好的选择。英语译文可以帮助孩子们更好地记住汉语歌词。每当学生要用汉语表达数字时，首先想起的就是这首歌。学校走廊里、校车上也经常能听到学生们唱这首歌。

　　这首歌最适合在学习汉语的起始阶段进行教学，和"你好""再见"等日常问候语同步。教师还可以改编歌词，练习更多的日常用语。

第二十三章
短剧表演

　　戏剧表演是将一个故事搬上舞台的艺术形式，短剧表演则短小精悍、简单随意，适合在课堂、社交聚会或节日庆典等非正式场合演出。在汉语课堂上，短剧表演的形式可以多种多样，悲剧、喜剧、音乐剧、滑稽剧、木偶剧等多种形式均可。剧本是短剧表演的依据和根本，编写剧本时，应注意故事要紧凑充实，情节要诙谐幽默，文字要简洁有趣，这样才能一扫课堂单调无聊、机械重复带给学生的倦意和枯燥感。此外，短剧的故事应是动态的、适合表演的，能使学生们在教室里真正活动起来。除了编写剧本外，短剧表演还包括舞台设计、道具制作、服装租借、音乐配置和视频制作等多种复杂事项。团队配合，共同完成一个短剧表演任务，对学生来说一定是一次有趣而难忘的体验。

　　一般来说，短剧表演主要包括以下几个步骤：

　　步骤一：编写剧本

　　短剧表演的剧本可以是现成的，但是对于以练习语言为目的的短剧表演，教师则不妨自己为学生改编剧本。由于剧本常常基于学生正在学习的课文，学生对课文内容比较熟悉，教师也可以让学生自己将课文改编成剧本并进行表演，给他们一个充分施展才华的好机会。或许学生会在不知不觉中，通过对故事情节的分析和对人物形象的研究，开展更多的课文学习研究活动。此外，作为剧作者，表演自己创作的作品会使学生兴奋不已，这就最大限度地激发了学生学习汉语的热情。总之，这种方法以学生为中心，具有很多优点，但需要注意两点：首先，学生要具有较高的汉语水平和较好的组织能力和自控能力；其次，并不是所有的课文都可改编成适合课堂表演的短剧。一般来说，高年级课文比低年级课文更适合改编和表演，有人物、有情节、有对白的故事性课文，更适合用于改编剧本、表演短剧。

步骤二：组建剧组

剧组的组建始终是课堂短剧表演重要的一环。组建剧组时应尽可能让更多的学生参与语言实践活动，所以教师应该不仅为演员们设计语言任务，还要为剧组中的其他学生设计语言活动。举例来说，一个角色可由两名学生扮演，学生导演应该熟记台词和情节冲突，旁白也应熟记演员的台词。即使对负责舞台设计、道具制作、服装租借、音乐配置和视频制作的学生，教师也应该安排部分语言实践活动。总之，整个表演活动都应围绕语言学习来进行。

步骤三：排练短剧

排练是语言实践的一个重要阶段，是让学生通过表演短剧来进行语言训练的最重要的部分。排练主要以朗读和背诵剧本中学生各自的台词为主。在大声朗读和背诵的过程中，学生在不知不觉中学到了语言在真实交际中的应用，学会了如何运用语言来表达感情，并有意识地增强自己的语言效果，所有这些均是汉语学习的精髓。一般来说，排练要进行多次，直到学生完全掌握台词为止。完全掌握台词的标准是学生不仅能准确地说出台词，而且还能正确地运用语调和语气。为了达到上述标准，教师可请专业人士来指导排练。

步骤四：舞台表演

舞台表演是短剧表演活动的核心部分，是一个相对正式的场合，即使它只是一个课堂秀，教师也需要强调舞台表演人员的专业态度。演员应在任何时候都进入角色，随时注意语音语调、面部表情、身体语言、目光接触、音量高低、表演流畅性和过渡自然性等方面，观众观看表演时则应文明礼貌、禁止嬉笑。整个表演应在一种轻松愉悦又纪律严明的氛围下进行。

步骤五：评判结果

评判结果的最佳方法之一是发给学生每人一张条目单，让他们一边观看表演一边填写，答案就在表演活动中，表演结束后学生上交条目单并由教师给出成绩。这样做可使学生对表演内容全神贯注，而且学有所获。此外，学生对表演提出的各种意见都可以附在条目单上，教师应鼓励学生积极评估。

下面提供一个《狐假虎威》短剧表演的示例，供教师参考：

一、教学目标

1. 学会课文中的生词，理解其含义并了解在何种情形下使用这些词语。

2. 学会课文中的句型，能用这些句型造出正确的句子。

3. 能流畅而准确地运用课文中的汉语句子。

4. 学会组织材料，完成剧本排练和角色表演。

5. 培养团队合作精神。

6. 培养责任感。

二、教学对象

小学或初中学生

三、所需材料

准备道具和演出服装是必要的。道具方面，可让学生用硬纸板剪出一个狐狸头、一个老虎头以及其他小动物的头，再剪出一些树木和一条小河。至于动物的服装，学生可用家里现成的衣服或可回收利用的材料，自己动手制作。

四、课文内容

狐假虎威

有一次，一只老虎抓住了一只狐狸，便要吃掉它。那狡猾的狐狸抗议说："你怎么可以吃我？我是天帝派到森林里来做兽中之王的。你如果不信，可以跟着我走，看看有哪只动物不怕我！"老虎要证实它的话，就同意了它的提议。狐狸走在前面，老虎紧紧地跟在后面。森林里的兔子、松鼠、鹿等动物看见老虎来了，都跑掉躲起来了。老虎以为那些动物真的害怕狐狸，也就不敢吃狐狸了。

"狐假虎威"这个成语就是来自上面这个故事，比喻倚仗别人的势力来欺负他人。

五、剧本改编

一般来说，把课文故事改编成一个短剧剧本，需要以下几个步骤：

步骤一：确定一篇课文，要求剧情冲突明显、人物台词有趣。课文长度方面，就短剧而言，半页或一页课本的课义已经足够。

步骤二：列出所有剧中人物角色。

步骤三：根据故事内容改编情节、编写台词，情节和台词要尽可能有创意。

步骤四：除了编为台词的部分，剩下的课文内容就是旁白。将这部分内容改编成适合短剧表演的旁白。

下面是我根据《狐假虎威》课文改编的剧本。为了使剧本有创意，我对剧本立意做了一些改动，并据此将短剧剧名定为《狐狸和老虎》。

场景一：小河边

Scene 1: On the riverside

旁白：小兔子在小河边碰到他的朋友小松鼠。小松鼠只有一个人，他的哥哥姐姐、弟弟妹妹都在家里。

Prompt: Little Rabbit meets his friend Little Squirrel alone on the riverside while his brothers and sisters are at home.

（小兔子和小松鼠蹦蹦跳跳地跑出来。）

（*Little Rabbit and Little Squirrel leap out with joy.*）

小兔子：小松鼠，我们来玩气球吧。

Rabbit: Little Squirrel, let's play the balloon.

小松鼠：好，我们来坑气球。

Squirrel: Good idea! Come on. Let's begin.

（小兔子和小松鼠开始拍气球。）

（*Little Rabbit and Little Squirrel begin to play the balloon.*）

小兔子：小松鼠，你有哥哥姐姐、弟弟妹妹吗？

Rabbit: Little Squirrel, do you have any brothers or sisters?

小松鼠：有，我有很多兄弟姐妹。

Squirrel: Yes, I have many brothers and sisters.

小兔子：他们喜欢和朋友玩吗？

Rabbit: Do they like to play with friends?

小松鼠：他们都很喜欢和朋友玩。

Squirrel: Yes, they do.

小兔子：他们现在在哪里呢？

Rabbit: Where are they now?

小松鼠：他们今天都在家里。

Squirrel: They stay at home today.

小兔子：好吧，我们自己玩吧。

Rabbit: OK, we'll have to play ourselves.

旁白：小兔子和小松鼠开始玩拍气球，他们玩得很高兴。这时，小兔子看到一只小狐狸跑过来了。小兔子很高兴，大声和小狐狸打招呼。

Prompt: Little Rabbit and Little Squirrel begin to play the balloon and they enjoy themselves very much. Meanwhile, Little Rabbit sees a fox coming to them. Little Rabbit feels happy and greets Little Fox.

小兔子：小狐狸，你好吗？

Rabbit: Little Fox, how are you?

小松鼠：你好，小狐狸。

Squirrel: Hi, Little Fox.

小狐狸：你们好，你们玩得真高兴。让我和你们一起玩，好吗？

Fox: Hello, you seem to have fun. Can I play with you?

小松鼠、小兔子：好啊，小狐狸，我们一起玩吧。

Squirrel and Rabbit: Sure. Come on. Let's play together.

旁白：小松鼠、小兔子和小狐狸一起玩了起来。这时，一阵风吹过来，他们都很害怕。

Prompt: Little Squirrel, Little Rabbit and Little Fox begin to play the balloon and then a gust of wind blows over. They panic.

小兔子：看，老虎大王来了！老虎会把我们都吃了！

Rabbit: Look, here comes King Tiger! He will eat us all!

小松鼠：啊，老虎大王来了！我们快逃吧！

Squirrel: Oh, he is coming! Let's run away!

小狐狸：啊，快逃，快逃！

Fox: Oh! Run! Run!

旁白：老虎从树林中跑出来，向河边的小动物们跑去。

Prompt: King Tiger runs out of the woods and heads towards the animals on the riverside.

老虎：（哼唱）

　　头上有个"王"，

　　身上披战袍，

　　口中一声吼，

　　百兽都发抖。

哈哈，我看见了几个小动物，我正饿得慌。他们是我最好的午餐。

Tiger: (*Singing*)

　　A 王 on my head,

　　An armor on my body,

　　A roar from my mouth,

　　Make all the beasts tremble.

Aha, I find some little animals and I am starving right now. They could be my best lunch.

旁白：老虎快速向他们跑来。

Prompt: King Tiger runs quickly to them.

小兔子：（惊恐）小狐狸，我们后边有条河，我们逃不走了！

Rabbit: (*Panic*) Little Fox, there is a river behind us, we can't escape!

小松鼠：啊，小狐狸，你聪明，你快告诉我们该怎么办！

Squirrel: Oh, Little Fox. You are smart. Tell us what can we do!

小狐狸：小兔子、小松鼠，你们别怕，我有办法了。你们去喊一些别的邻居。

Fox: Little Rabbit, Little Squirrel, just calm down. I've got an idea. Go and ask our neighbors for help.

旁白：兔子和松鼠跑到林子里。老虎跑向小狐狸。

Prompt: Little Rabbit and Little Squirrel run into the woods. King Tiger runs towards Little Fox.

老虎：你这傻狐狸，别的动物看见我都跑了，你怎么不跑？你不怕我吗？

Tiger: You stupid fox, other animals all fled away when they saw me. Why didn't you run away? Aren't you afraid of me?

小狐狸：大王，那些动物对你不礼貌，对我也不礼貌，看到我，他们也跑了。

Fox: Your Majesty, they were not polite to you, neither to me. They just run away as soon as they saw me.

老虎：我是森林里的大王，他们看到我才会跑。你个小狐狸，还敢这样说！看我把你给吃了！

Tiger: I am the king in the woods. Only by seeing me will they run away. You Little Fox, how dare you talk like that? I will make you a meal of me!

小狐狸：大王，别生气。你怎么可以吃我呢？我是天帝派到森林里来做兽中之王的。你如果不信，可以跟着我走，看有哪只野兽不怕我！

Fox: Don't get angry, Your Majesty. How can you make me as your food? I am sent by God to this forest to be the king of all the beasts. If you don't believe it, you may follow me and see that every beast, without any exception, will fear me.

老虎：我不信。咱们来比试比试。

Tiger: I don't believe it. Let's have a competition.

旁白：老虎向小狐狸扑过来。

Prompt: King Tiger jumps at Little Fox.

小狐狸：等等，你和我比试你可要后悔的，我会吃了你的。可是我饱着呢，现在不想吃你。要不这样吧，我们到林子里去走一趟，看看那些小动物看到我是不是会怕我。如果他们怕我，那我们做朋友，我答应不吃你，你也不能吃我。你不会反悔吧？

Little Fox: Wait. You will feel regretful if you have a competition with me because I will eat you. But I am full and I don't want to eat you now. Let's try this way. We both walk into the woods and see whether the animals will get scared of me. If they do, then let us be friends. And I will promise not to eat you. You do the same, too. You won't back out, right?

老虎：我是堂堂森林大王，怎么会反悔呢？就这么定了！我们走吧！

Tiger: I am the king in the woods. How could I back out? Deal! Let's go!

小狐狸：好，我在前面走，你在后面跟着我。动物们看到我，你看看他们会怎么做。

Fox: Good. I will walk ahead and you just follow me. Then you can see what will happen when animals see me.

老虎：我不信你有这么大的威力。

Tiger: I don't believe you are so powerful.

小狐狸：那我们就走着瞧吧。

Fox: Let's go and see.

老虎：行！

Tiger: Go ahead!

场景二：树林中

Scene 2: In the woods

旁白：狐狸在前面大摇大摆地走，老虎紧跟在后面。树林中的小动物们看到老虎来了，都跑掉躲起来了。

Prompt: The fox walks ahead swaggeringly, and the tiger follows closely. All the wild animals in the woods run away to hide themselves on seeing the tiger coming.

老虎：（对自己说）天啊！这只小狐狸这么厉害！小动物们真的很怕他，他是森林大王。我还是赶快跑吧，要不然就被它给吃了。

Tiger: (*To himself*) Jesus! How powerful this little fox is! Animals are really afraid of him. He is the king in the woods. I'd better run away, or I will be eaten by him.

旁白：老虎赶紧跑了，边跑边向小狐狸求饶。

Prompt: King Tiger runs away immediately as he begs Little Fox for mercy.

老虎：小狐狸，我现在相信你了。以后还是你做森林大王吧。

Tiger: Little Fox, I believe you now. You can be the king in the woods from today on.

旁白：小兔子和小松鼠跑出林子。

Prompt: Little Rabbit and Little Squirrel run out of the woods.

小狐狸：你们看见了吗？老虎跑了。

Fox: See, King Tiger ran away.

小兔子：小狐狸，你真的很了不起，老虎都被你吓跑了。

Rabbit: Little Fox, you are great. King Tiger was scared away by you.

小松鼠：小狐狸，你是怎么做到的？

Squirrel: Little Fox, how did you make it?

小狐狸：朋友们，不是我把老虎吓跑了，是他自己把自己吓跑了。只有多动脑筋，才能把老虎赶跑。走，我们继续玩气球吧。

Fox: My friends, it was not I who scared the tiger away. He was scared away by himself. Only by using your brain can you drive the tiger away. Come on, let's go on playing the balloon.

小松鼠、小兔子：好！

Squirrel and Rabbit: Okay!

旁白：他们又开始玩游戏了。

Prompt: They resume the game.

剧终 (*The End*)

六、角色分配

该短剧中有旁白、兔子、松鼠、狐狸、老虎，还有其他小动物如鹿、斑马、长颈鹿、猴子、孔雀、刺猬等角色。教师把不同的角色分配给学生，或让学生自己选择他们心仪的角色。教师应该清楚地向学生解释不同角色的职责。如果一个学生扮演多个角色，他／她应该知道所有角色的职责；如果一个角色需要一个以上的学生，那么应该让学生贯彻团队合作的精神。《狐假虎威》这个短剧至少需要 10 个学生扮演不同的动物角色，还需要一个学生扮演旁白，叙述故事，另外还需要一个导演掌握剧情。在排练时，导演要指导其他学生，因此导演应该是责任感和统筹能力最强的人。除了演员、旁白和导演外，还要有舞台设计师负责舞台设计，道具也应该由专门的学生制作和管理。负责舞台和道具的学生应该动手能力很强。上述这些角色和任务，如果是小班，教师可让每一个学生都参与承担。

七、时间安排

教师应提供尽可能多的材料来帮助学生完成任务。在本出剧里，由于剧本是根据课文改编的，学生必须先学习生词、句子和课文。因此，学习时间应计入整个剧本表演的时间。整个剧本表演的时间分为三部分：课文学习时间、短剧排练时间、短剧表演时间。

八、其他事宜

教师应预先为学生准备演出场地，场地可以是教室、学校礼堂或校外活动场所。如果教师能找到一个类似剧院的地方则再好不过了。观众可以是学生，如果可能的话，教师也可以邀请家长来观看演出。有时，为了增添乐趣，使表演更加真实，教师可以让学生收取"门票"。演出时，摄影队可选好角度拍摄演出实况，拍好的录像可在学校播放，这样其他班级也有机会欣赏到该短剧的表演，参与表演的同学将会更有成就感。

数字化教学设计
及软件应用篇

    数字化教学即以电脑、网络和软件为平台和工具的教学。数字化教学在美国发展很快，美国的学校已经网络化、数字化了。在硬件技术方面他们已经达到了一定的水平，但是因为汉语教学的普及面还不够广，美国的软件公司也没有专门为汉语教学开发出很多软件，即便如此，他们开发的其他语言的教学软件有些也能兼容汉语，可以为汉语教学所用。另一方面，互联网上有大量的汉语学习网站可供教学和学习使用。我们可以利用现有的条件，设计出许多汉语数字化教学的项目，甚至还可以用电脑设计出听、说、读、写、画、唱、演等各种形式的练习。

    需要说明的是，绝大多数美国和加拿大的公立学校不允许学生带手机来教室上课，更不要说在上课时使用手机，所以汉语学习的手机软件更少，这跟中国国内完全不同。因此，本篇将主要介绍一些国内软件公司开发的手机汉语学习软件。

    下面我将介绍我用电脑设计的几个汉语学习项目，以及一些常用的汉语学习电脑软件、网站和手机软件。

第二十四章
汉语词库和单词认写练习表

一、汉语词库

形、音、义是汉字的三个基本要素。掌握一个汉字，就要会写、会读，而且能说出意义。对美国学生来说，掌握汉字的字形最为困难，因为他们既要知道笔画和由笔画组成的部件，也要知道部件之间的关系和结构，还必须记住正确的笔顺。可是这些对于掌握一个汉字来说还是不够，因为从现代汉语的简体字来看，大部分汉字的形、音、义三者互不关联或者关联性不强，所以学习一个汉字，还必须记住这三者之间的联系。

不断重复是记忆汉字行之有效的方法之一。教师可用微软 Excel 软件创建一个汉语词库，以便学生随时检索、查询。一般来说，高中汉语初学者第一学年应学会 200 个汉字，一本上万字的正规字典会让学生望而生畏、知难而退，但汉语词库却能够帮助学生比较轻松地学习这些汉字。在创建汉语词库的过程中，学生会反复接触、巩固汉字的三要素，在不知不觉中渐渐对词库中录入的词语以及组成这些词语的汉字熟悉起来。随着越来越多的词语被录入词库，汉语词库会成为学生学习汉语的得力助手。下面，我将对汉语词库做具体介绍：

（一）汉语词库的作用

1. 学生可随时检索、查询所需词语。

2. 创建词库的过程中，学生有很多机会练习词语。

3. 学生对所有学过的词语有一个总体的认识。

4. 创建词库能激发学生的学习动机，使之有成就感。

5. 建好的词库可作为学生的学习工具。

（二）创建词库所需软件

微软 Excel 软件、KTestpinyin 汉字转拼音软件。

（三）创建词库的词语来源

课本和教师提供的素材。

（四）创建词库的方法

要指导学生创建汉语词库，教师自己应该精通电脑、熟悉相关软件。教师最好先为学生创建一个词库作为范例，然后再教学生一步一步地创建自己的汉语词库。首先，打开 Excel 表格，在 A、B、C 三栏中分别输入汉字词语、拼音、英文释义。

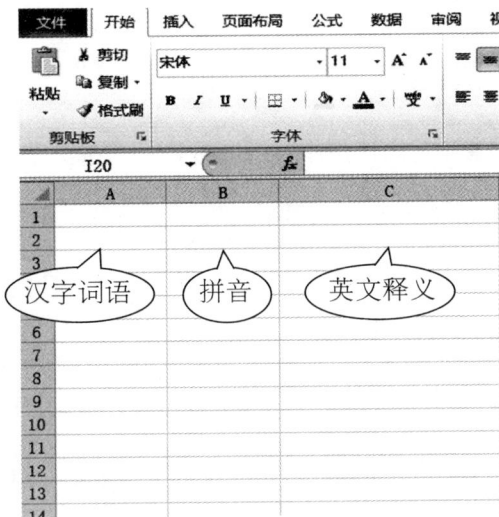

图 24-1 汉语词库中每栏的内容

词语、拼音和英文释义都输入完成以后，学生可着手编辑汉语词库。为方便检索和查询，学生可按拼音栏中的拼音字母顺序来给词语排序。这样一来，如果学生拼音掌握得不错，就可通过拼音栏查找到相应的词语。如果学生拼音掌握欠佳，那么可以按英文释义栏中的英文字母顺序排序，这样就可以通过查询英文解释找到对应的汉语词语。按英文释义的字母顺序排序时，最好将英文释义栏放到最前，拼音栏放在中间，汉语词语栏放在最后。两种排序方式如下所示：

	A	B	C
1	八	bā	eight
2	包子	bāozi	steamed stuffed bun
3	笔	bǐ	pen
4	笔记本	bǐjìběn	notebook
5	冰激凌	bīngjīlíng	ice cream
6	饼干	bǐnggān	biscuit
7	菠菜	bōcài	spinach
8	布丁	bùdīng	pudding
9	菜	cài	dish
10	菜单	càidān	menu
11	茶	chá	tea
12	常	cháng	often
13	吃	chī	eat
14	大	dà	big
15	大象	dàxiàng	elephant
16	稻草	dàocǎo	straw

图 24-2　按拼音字母顺序排序

	A	B	C
1	big	dà	大
2	biscuit	bǐnggān	饼干
3	dish	cài	菜
4	eat	chī	吃
5	eight	bā	八
6	elephant	dàxiàng	大象
7	ice cream	bīngjīlíng	冰激凌
8	menu	càidān	菜单
9	notebook	bǐjìběn	笔记本
10	often	cháng	常
11	pen	bǐ	笔
12	pudding	bùdīng	布丁
13	spinach	bōcài	菠菜
14	steamed stuffed bun	bāozi	包子
15	straw	dàocǎo	稻草
16	tea	chá	茶

图 24-3　按英文释义字母顺序排序

有时候，教师还可以要求学生创建例句栏，训练学生运用这些词语造句。如下：

	A	B	C	D
1	八	bā	eight	我有八个苹果。
2	包子	bāozi	steamed stuffed bun	我爱吃包子。
3	笔	bǐ	pen	我用笔写字。
4	笔记本	bǐjìběn	notebook	这是我的笔记本。
5	饼干	bǐnggān	biscuit	我爱吃饼干。
6	冰激凌	bīngjīlíng	ice cream	夏天我最爱吃冰激凌。
7	菠菜	bōcài	spinach	我不爱吃菠菜。
8	布丁	bùdīng	pudding	我会自己做布丁。
9	菜	cài	dish	妈妈做的菜最好吃。
10	菜单	càidān	menu	请给我拿一个菜单。
11	茶	chá	tea	中国人爱喝茶。
12	常	cháng	often	中国人常说"你好"。
13	吃	chī	eat	我爱吃肉。
14	大	dà	big	我的苹果比他的大。
15	大象	dàxiàng	elephant	动物园里有大象。
16	稻草	dàocǎo	straw	农民家门口有很多稻草。

图 24-4　增加例句栏的汉语词库

二、单词认写练习表

单词认写练习表主要用于帮助学生复习学过的生词，加强字形、拼音及其意义之间的联系，是一种学生喜爱的快速巩固所学单元词汇的作业形式。经验告诉我们，学生在记忆生词时，很容易产生焦虑感。如果在一篇课文中学生要在词典里查三分之一的生词，他们就会感到非常麻烦，最终选择放弃学习。单词认写练习表可以很好地解决这个问题：表格汇总了单元课文中的词语，学生可以不用查词典，直接利用单词认写练习表找到词语的形、音、义。经验还告诉我们，如果学生在短时间内遇到某个生词十次以上，便很容易记住这个生词。因此，以有趣的方式让生词循环往复地出现是学习生词的关键，填写单词认写练习表就是一个学习生词的很好的方式。单词认写练习表是很好的家庭作业形式，也是对学生做造句练习非常有帮助的辅助工具。让学生组词造句前，教师可以先利用单词认写练习表，以小组或个人的形式对表中的词语、拼音和词义进行复习。造句时，学生的单词认写练习表也可以作为随时取用的参考资料，来帮助学生遣词造句。教师应当要求学生保存所有的单词认写练习表，以便随时复习所学词语。

（一）创建单词认写练习表所需软件

微软 Word 软件或微软 Excel 软件、KTestpinyin 汉字转拼音软件。

（二）创建单词认写练习表的方法

1. 利用微软 Word 软件或 Excel 软件，创建一个表格，表格的行数和列数根据需要而定。

2. 根据作业的难易程度，在每行或每列里填入提示语，让学生根据提示语填出其他部分的内容。

3. 根据学生不同的汉语水平，可采用以下四种表格设计方式：

（1）针对初级汉语水平者：呈现汉语词语，让学生写出拼音和英语释义（详见下页表 24-1）。

（2）针对中级汉语水平者：呈现汉语词语或汉语拼音，让学生填出表格中的其他内容（详见下页表 24-2）。

表 24-1　针对初级汉语水平者的单词认写练习表

Words	Pinyin	English	Words	Pinyin	English
我们			跳舞		
唱歌			女生		
气球			男生		
红色			学校		
灰色			这是		
白色			什么		
黑色			校服		
黄色			名字		
紫色			衬衫		
蓝色			裙子		
颜色			裤子		

表 24-2　针对中级汉语水平者的单词认写练习表

Words	Pinyin	English	Words	Pinyin	English
	wǒmen			tiàowǔ	
唱歌			女生		
气球			男生		
	hóngsè			xuéxiào	
灰色			这是		
白色			什么		
	hēisè		校服		
黄色			名字		
紫色				chènshān	
	lánsè		裙子		
颜色			裤子		

（3）针对中高级汉语水平者：呈现英语释义，让学生填出汉语词语和拼音。这有一定的难度，可让学生查阅课本或参考资料，但是优秀的学生应该是可以凭借记忆独立完成的。

表 24-3　针对中高级汉语水平者的单词认写练习表

Words	Pinyin	English	Words	Pinyin	English
		we			dance
		sing a song			girl
		balloon			boy
		red			school
		gray			this is
		white			what
		black			school uniform
		yellow			name

（4）针对学生的具体水平：混合呈现汉语词语、拼音或者英文释义，要求学生填写表格中的空白栏。如果学生词汇量较小，可尽量多地呈现汉语词语，让学生写出拼音和英文释义；如果学生词汇量较大，则可以让他们多写汉字。

表 24-4　针对学生的具体水平设计的单词认写练习表

Words	Pinyin	English	Words	Pinyin	English
	wǒmen			tiàowǔ	
唱歌					girl
		balloon	男生		
	hóngsè			xuéxiào	
黄色					name

（续表）

Words	Pinyin	English	Words	Pinyin	English
		purple		chènshān	
	lánsè		裙子		
		color			pants
绿色			喜欢		
	zōngsè				put on
		grey		niúzǎikù	
粉色			外套		

第二十五章
电子识字卡

　　传统的词汇练习卡片是一些纸牌样的卡片，卡片正面正中印有文字，边角印有点值。游戏开始后，教师手持卡片，一张一张地亮出来，让一个或一组学生辨认卡片上的文字，同时按卡片上的点值给学生计分。与这种纸质卡片相比，在美国的很多中小学中，更常用的是电子识字卡。用电子识字卡教中文，是一种使汉语教学趣味化、现代化的有效方式。用电子识字卡进行的游戏活动适合各种语言水平、各个年龄段的学生，适用于语言学习中听说读写各方面的练习。活动方式可以按计划循序渐进，也可以有引导性地自由发挥。

　　设计电子识字卡游戏，教师应选择学生喜欢的游戏方式练习所学语言内容，并教会学生一定的练习技巧。学生对单词的反应速度反映了学生掌握汉语词语的熟练程度，因此教师应该对学生的反应速度有所要求，建立游戏规则并限定游戏时间。学生需要多长时间准备、他们会遇到什么困难，教师也要心中有数。美国的汉语教师经常将电子识字卡做成 PowerPoint 幻灯片，这样不仅能通过设置幻灯片播放时间有效控制学生的反应时间，还能方便教师根据教学内容和需要，灵活设计卡片和游戏形式。下面介绍几种常见的电子识字卡游戏形式。

一、快速认读

　　该游戏可以帮助学生复习已学词汇。当屏幕上出现汉语词语时，学生立即大声说出该词语的拼音和词义，教师点击卡片出示答案，判断对错。虽然该游戏要求学生快速做出回答，但教师还是应预留出一定的时间供学生思考。一般来说，将每张识字卡出现的时间设定为 3~5 秒比较合适。以下是快速认读游戏电子识字卡制作范例：

| 蓝色
lánsè
blue | 同学
tóngxué
classmate | 姐姐
jiějie
elder sister |
| 中国
Zhōngguó
China | 老师
lǎoshī
teacher | 林
lín
woods |

图 25-1　快速认读游戏电子识字卡制作范例

二、快速选择

前面所说的快速认读游戏可能对有的学生来说难度较大。为降低难度，教师可采用选择题的形式，这样学生不必冥思苦想，只需迅速排除错误选项，选出正确答案即可。学生对答案的反应速度反映了学生掌握词语的熟练程度，教师可根据学生的熟练程度调整时间设定，也可让学生反复练习直到脱口而出。以下是快速选择游戏电子识字卡制作范例：

| 鼻子
A. ear
B. eye
C. nose | 头发
A. nose
B. hair
C. eye | 一个
A. how many
B. one
C. many |
| 圆
A. round
B. long
C. short | 短
A. short
B. long
C. small | 脸
A. mouth
B. face
C. head |

图 25-2　快速选择游戏电子识字卡制作范例

三、英汉互译

首先让学生看一遍每张卡上的英语单词，然后要求学生迅速将英语单词翻译成汉语并大声说出来，接着教师点击幻灯片，出示汉字和拼音，检验对错。如果学生能不借助书本脱口将英语翻译成汉语，说明学生对词语掌握得不错，那么教师就可在英汉互译的练习内容上逐渐增加难度。以下是英汉互译游戏电子识字卡制作范例：

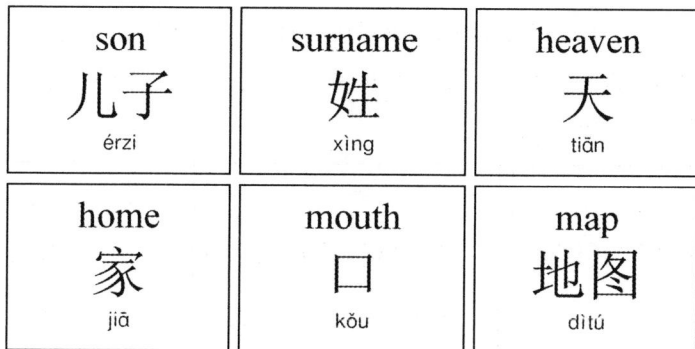

图 25-3　英汉互译游戏电子识字卡制作范例

四、看图识词语

电子识字卡用于看图识词语，可以训练学生根据图片迅速识认汉语词语的能力。该游戏给学生提供鲜活而直观的图像，是一种直观的视觉认知能力训练方式，其优势是将动物、人物及物体的直观形象和语言符号结合起来，以吸引学生的注意力，并增强学生的记忆。以下是看图识词语游戏的电子识字卡制作范例：

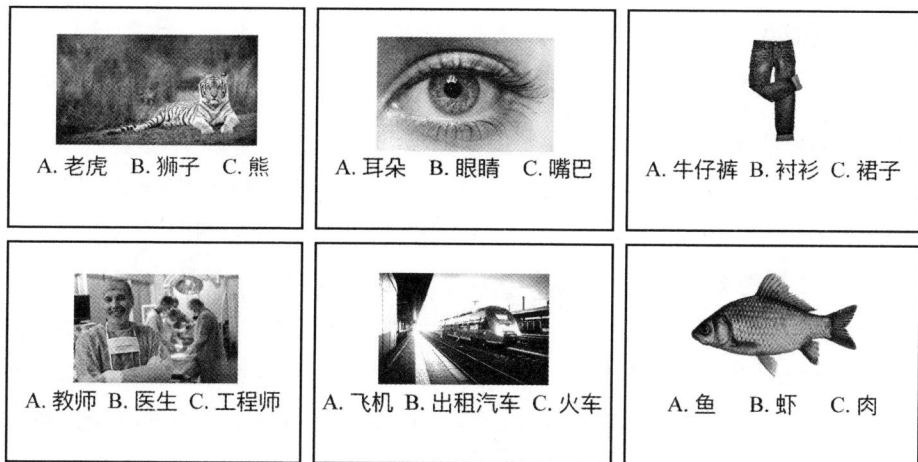

图 25-4　看图识词语游戏电子识字卡制作范例

五、看拼音识词语

由于汉字的字形和读音之间的内在联系不够明确，学生就会感到记忆词语的读音非常困难。电子识字卡的作用之一就是加强读音和字形之间的联系。教师可在汉语拼音下面列出三个汉语词语的选项供学生选择。为了达到更好的练习效果，教师还可以插入词语的读音音频文件来代替拼音，学生则听读音做出选择。以下是看拼音识词语游戏电子识字卡制作范例：

chènshān	qǐng zuò	kāfēi
A. 汗衫　B. 毛衣　C. 衬衫	A. 请安静　B. 请坐　C. 请进	A. 茶　B. 咖啡　C. 果汁
shàngxué	**dòngwù**	**shūbāo**
A. 上学　B. 上班　C. 在家	A. 宠物　B. 动物　C. 狮子	A. 书包　B. 书本　C. 叔叔

图 25-5　看拼音识词语游戏电子识字卡制作范例

六、词语替换

词语替换练习常见于各种教科书。电子识字卡词语替换练习和课本中词语替换练习的主要区别在于前者有时间限制，主要用于训练学生对所学词语的反应速度，而后者的主要目的则是巩固所学词语。由于电子识字卡词语替换练习的时间有限，学生对词语的熟练程度就要更高。当卡片一出现，学生就应立即识认上面的画线词语，迅速想出同类词语替换画线部分，并用正确的语音语调大声说出来。该活动既可以由一个学生单独完成，也可以是小组活动。在游戏进行的同时给学生记分，谁能在限定时间内正确说出最多的替换词语，谁就是最后的优胜者。该游戏也是测试学生语言水平的有效方式之一。以下是词语替换游戏电子识字卡制作范例：

红色的玫瑰花

其他搭配:
白色 黄色 粉色 蓝色

他今天穿着生仔裤。

其他搭配:
衬衫 背心 外套 裙子
裤子 校服 毛衣 大衣

我的爱好是音乐。

其他搭配:
唱歌 跳舞 打篮球 书法
画画 看电视 养鱼

我哥哥的房间大。

其他搭配:
小 好 明亮
漂亮 干净 整洁

爸爸在医院工作。

其他搭配:
学校 商店 图书馆 工厂
公司 报社 中学

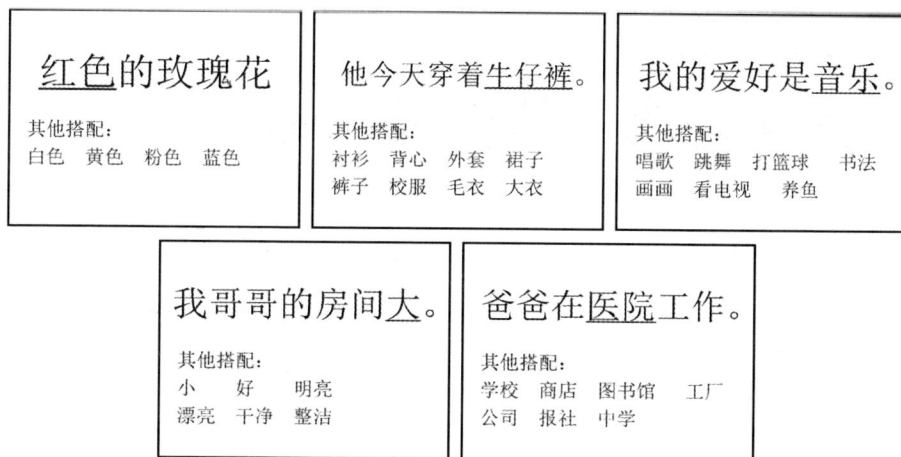

图 25-6 词语替换游戏电子识字卡制作范例

七、句子搭配

此类游戏用于练习汉语语句，要求学生选出正确的答句来完成一个简单的对话。以下是句子搭配游戏电子识字卡制作范例:

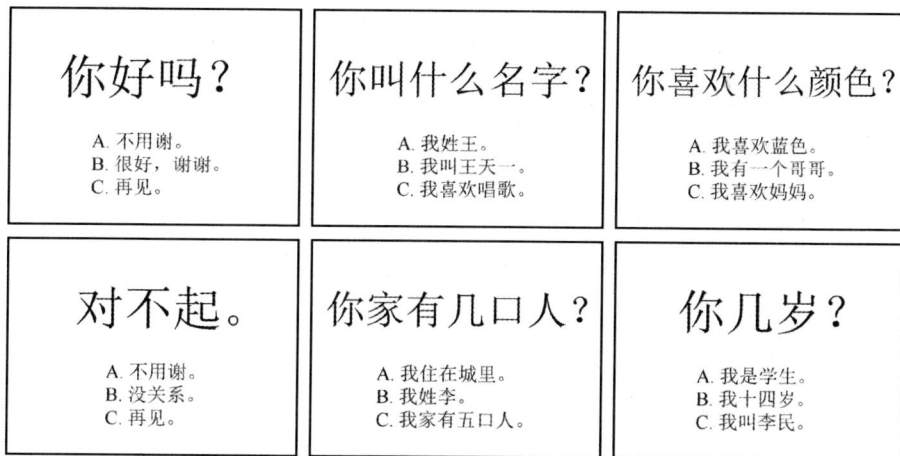

你好吗?

A. 不用谢。
B. 很好，谢谢。
C. 再见。

你叫什么名字?

A. 我姓王。
B. 我叫王天一。
C. 我喜欢唱歌。

你喜欢什么颜色?

A. 我喜欢蓝色。
B. 我有一个哥哥。
C. 我喜欢妈妈。

对不起。

A. 不用谢。
B. 没关系。
C. 再见。

你家有几口人?

A. 我住在城里。
B. 我姓李。
C. 我家有五口人。

你几岁?

A. 我是学生。
B. 我十四岁。
C. 我叫李民。

图 25-7 句子搭配游戏电子识字卡制作范例

第二十六章
汉语学习常用软件及网站

汉语学习软件和网站能为教师进行多媒体汉语教学提供很大便利。除了最常用的微软办公软件以外，教师还可以在互联网上搜索到许多有用的软件和网站，手机上也有不少适合汉语学习的软件。本章将对这些软件和网站进行简要介绍[1]。

一、微软办公软件

微软办公软件与许多汉字输入程序兼容，给教师提供了不少途径来生成图形、文档、游戏等等。用 Excel 表格建立汉语词库非常方便，因为它有许多分栏，并能按字母排序。学生可以将词语的拼音或英文释义按字母顺序排列，以方便查找所需词语。PowerPoint 软件可以用来设计制作汉语教学幻灯片、测验题等。教师还可以利用插入音频的功能，给学生布置制作有声幻灯片的作业，该作业不仅要求有图像和文本，还要求录入学生自己的声音，是一种结合了图像、文本和声音的综合性练习。除了 Excel、PowerPoint 这些最常用的办公软件以外，微软还有一个 Publisher 软件，可以用来制作各种宣传品、出版物，如班级时事报、节目单、新闻稿等。

二、Windows 录音机

Windows 操作系统自带的录音机不用另外花钱，而且效果很好，对学生练习听说非常有帮助，可惜却很少被用于汉语教学。使用该软件时，学生可以把录制的声音文件保存在他们自己的文件夹里，以备随时取用。例如，可以把声音文件插入到 PowerPoint 幻灯片里，制作一个有声幻灯片。

图 26-1　Windows 录音机使用界面

三、汉字学习软件及网站

　　书写汉字必须按一定的笔画顺序，因为按正确的笔顺书写汉字可以提高书写速度，还可以帮助学生记忆汉字字形。另外，汉字书法是一种独特而优美的艺术形式，而书法本身是跟笔画顺序密切相关的。所以，学习汉字笔顺是非常有意义的。互联网上有一些免费的汉字学习网站，如 http://www.csulb.edu/~txie/azi/page1.htm。通过该网站，可以搜索到一款叫"eStroke"的汉字笔顺学习软件的下载页面，在这个页面上也可以通过输入汉字来查看汉字的书写笔顺演示，还可以调整书写演示的速度。下面是这个页面的截图：

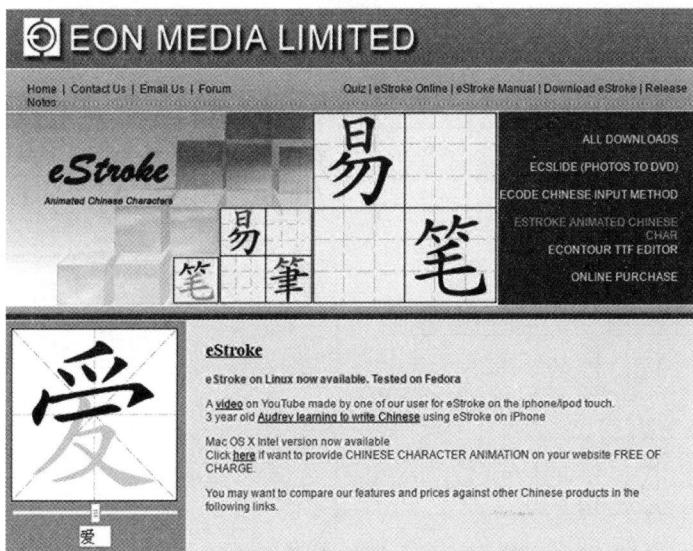

图 26-2　eStroke 网页上的汉字笔顺演示

在这个网页上，教师可以下载 eStroke 软件，该软件对学生正确书写汉字很有帮助。

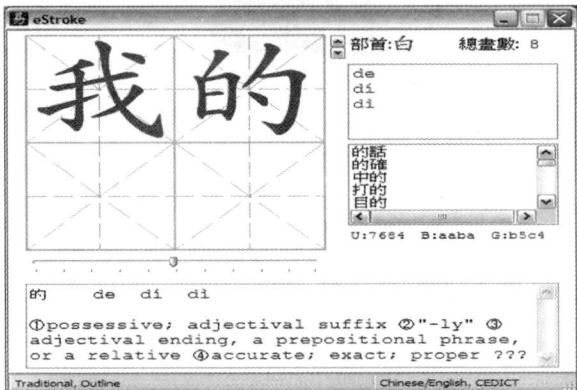

图 26-3　eStroke 软件使用界面

该软件有英语、法语、德语等多个语种的版本，具有各种汉字教学和学习所需的功能，例如，动态演示汉字笔顺、显示汉字笔画总数和偏旁部首、在 Word 文档中生成汉字练习纸、呈现汉字的简体和繁体形式并进行繁简转换、生成汉字笔顺的 gif 动画、加亮突出汉字中的某个笔画、显示包含某汉字的常用词语、实现笔画名称发音等等。以下是用该软件生成的四种汉字练习纸：

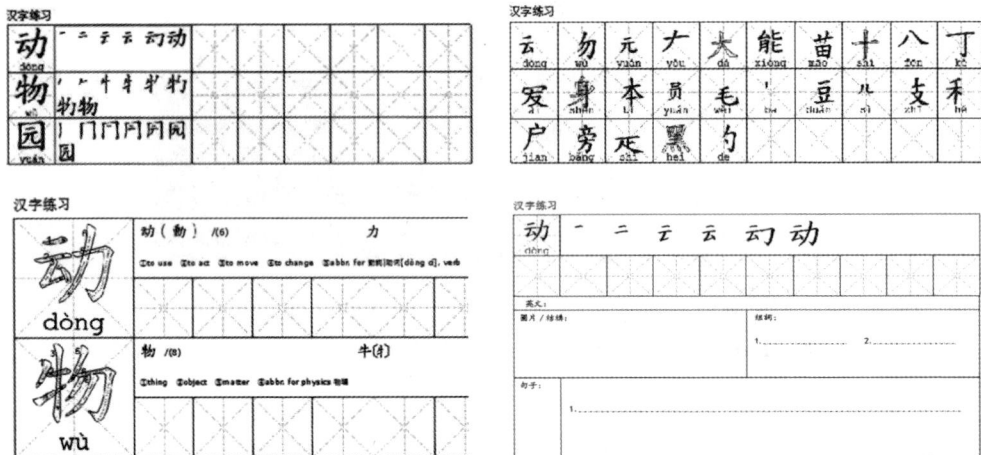

图 26-4　用 eStroke 软件生成的四种汉字练习纸

教师在完成一个单元的词汇教学后，可让学生用软件练习书写汉字。通过这种练习，学生对汉字的书写会更加熟悉，记忆也会更加牢固。

四、字谜游戏制作网站

我们可以在各种网站上找到很多制作字谜的免费软件，但是这些软件并不都能用来制作汉语字谜，很多跟汉语并不兼容。在此推荐一个制作纵横字谜类游戏的网站——Discovery Education。它的网址是：http://www.discoveryeducation.com/free-puzzlemaker/?CFID=518479&CFTOKEN=e0b1fd07fa568d3f-E76A034D-E9CB-ABE0-E0C59D39F898654B。在该网站上可以制作纵横字谜、生成找字游戏。（见第十五章、第十六章）。

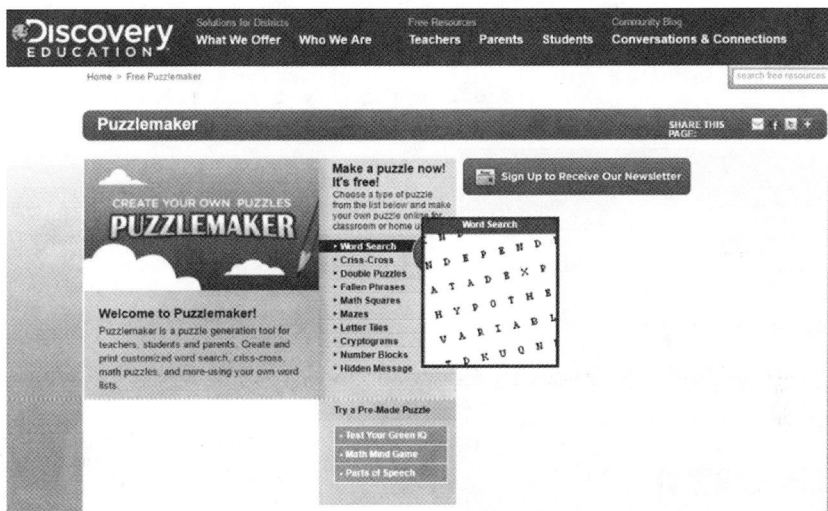

图 26-5　Discovery Education 网站的字谜游戏制作页面

I'm Sick

```
Z X N P Z W W B L T G G H W W
U C R U N U K G C I E N X A C
W C Z T M Y Q J C Y V O Z Q I
Q N O U J G I Y W U C T D O Y
J B E Y T O E A K D X G E C H
H A O H E G X D W U K N Z L I
O A Y B S X G E X A M E W U D
X A U Z I N U M N N K T F N C
R K C A C I A Y A L F I M E A
W G N H H H I U R I Y K E H H
C G G S K S U O Q A G Z I S O
N A U Q H H U A L N S N G A U
V H T E G N A K N A I J E P L
S O N Y I Q I M Q T L F R L H
U G H Q T N M Q B Y I Y U A N
```

CHUAN	HAI	HOU
JIANKANG	KANYISHENG	LENG
MEIGE	QUAN	QUANSHEN
SHEN	SHUSHI	TENGTONG
TIYUDUANLIAN	TOU	XIANG
YAO	YIFU	YIQI
YIYUAN		

19 of 19 words were placed into the puzzle.

图 26-6　在 Discovery Education 网站上生成的找字游戏

五、汉语在线字典

在线字典使用起来非常方便，可以为教师教汉语和学生学汉语提供很大便利。在互联网上可以找到许多汉语在线字典，在此推荐 Babylon、MDBG 和 Languages of China 网站上的在线字典。它们的网址分别是：http://www.babylon-software.com/define/99/English-Chinese-Dictionary.html.、http://www.mdbg.net/chindict/chindict.php 和 http://www.chinalanguage.com/dictionaries/。

Babylon 字典支持拼音、汉字和英文检索。该字典的一大特色是检索结果不仅提供汉字的注音和英文释义，而且提供该字的常见词语甚至惯用语，帮助学生理解该字在具体语境中的正确用法。

好 [hǎo, hào]

be fond of; excellent; fine; good; well

Words with "好":

不好 [bù hǎo] no good
不好惹 [bù hǎo rě] not to be pushed around; not to be trifled with; stand no nonsense
不好意思 [bù hǎo yì sī]); be ill at ease; feel embarrassed; find it embarrassing (to do sth
不怀好意 [bù huái hǎo yì] harbor evil designs; harbor malicious intentions
不知好歹 [bù zhī hǎo dǎi] not know what's good for one
买好 [mǎi hǎo] to ingratiate oneself
你好 [nǐ hǎo] hello; how are you
刚好 [gāng hǎo] exactly; happen to be; just
友好 [yǒu hǎo] friendly (relations)
只好 [zhǐ hǎo] to be forced to; to have to
叫好 [jiào hǎo] applaud; cheer
和好 [hé hǎo] to become reconciled
嗜好 [shì hǎo] fondness; hobby; indulgence
坐好 [zuò hǎo] to sit properly; to sit up straight
太好了 [tài hǎo le] very good

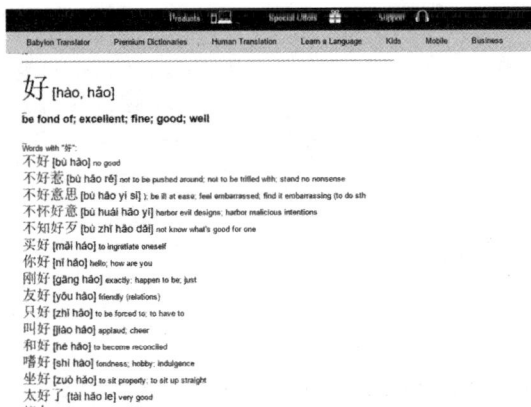

图 26-7 Babylon 在线字典提供的"好"的常见用法

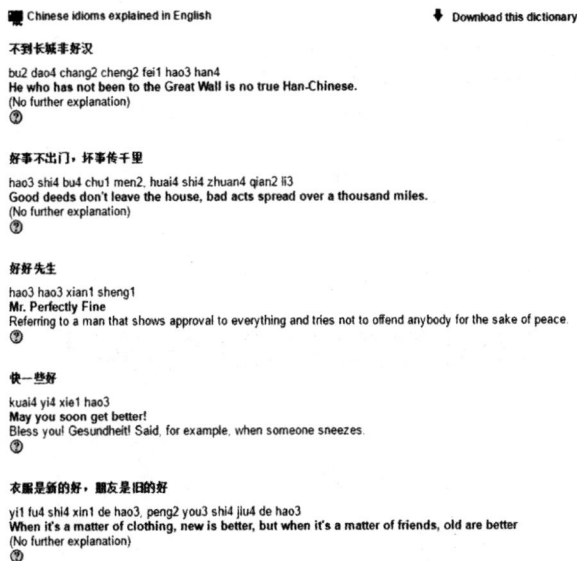

Chinese idioms explained in English ⬇ Download this dictionary

不到长城非好汉

bu2 dao4 chang2 cheng2 fei1 hao3 han4
He who has not been to the Great Wall is no true Han-Chinese.
(No further explanation)

好事不出门，坏事传千里

hao3 shi4 bu4 chu1 men2, huai4 shi4 zhuan4 qian2 li3
Good deeds don't leave the house, bad acts spread over a thousand miles.
(No further explanation)

好好先生

hao3 hao3 xian1 sheng1
Mr. Perfectly Fine
Referring to a man that shows approval to everything and tries not to offend anybody for the sake of peace.

快一些好

kuai4 yi4 xie1 hao3
May you soon get better!
Bless you! Gesundheit! Said, for example, when someone sneezes.

衣服是新的好，朋友是旧的好

yi1 fu4 shi4 xin1 de hao3, peng2 you3 shi4 jiu4 de hao3
When it's a matter of clothing, new is better, but when it's a matter of friends, old are better
(No further explanation)

图 26-8 Babylon 在线字典提供的"好"的惯用语

　　MDBG 字典除了支持拼音、汉字和英文检索以外，还支持汉字手写输入检索，且检索功能更加丰富。检索结果除了提供注音和释义外，还提供汉字的结构、偏旁、笔画数、动态笔顺演示、HSK 等级，甚至粤语发音等信息。用户还可以查看百度上该汉字的查询结果。另外值得一提的是，该字典还可以将用户查询过的汉字或词语生成一个字表或词表，并且可以直接打印出来供教学使用。

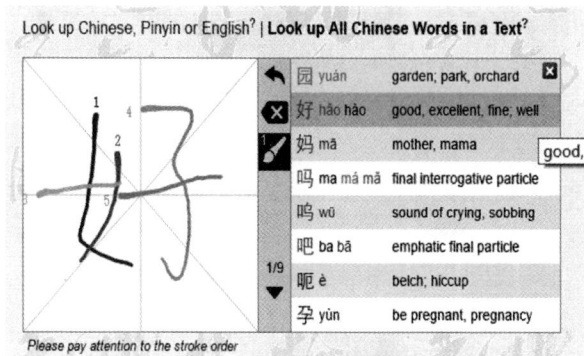

图 26-9　MDBG 字典支持汉字手写输入检索

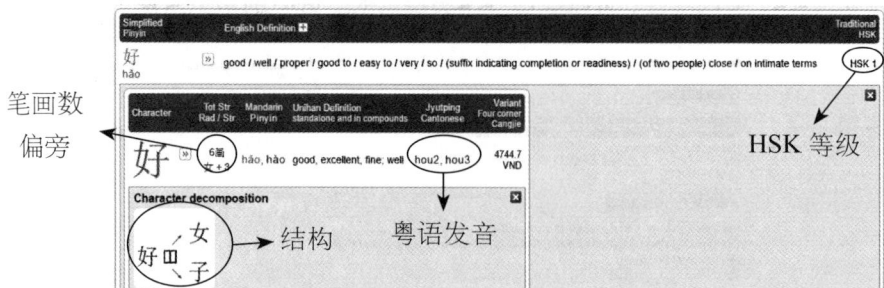

图 26-10　MDBG 字典提供结构、偏旁、笔画数、HSK 等级、粤语发音等各种信息

图 26-11　在 MDBG 字典上可以观看汉字的动态笔顺演示

　　Languages of China 网站上的在线字典和其他两个字典相比，其特色在于可以通过偏旁部首查询汉字。就像使用纸质字典一样，用户要先根据部首的笔画数找到要查询汉字的部首，然后根据剩余部分的笔画数来最终查询到该汉字。

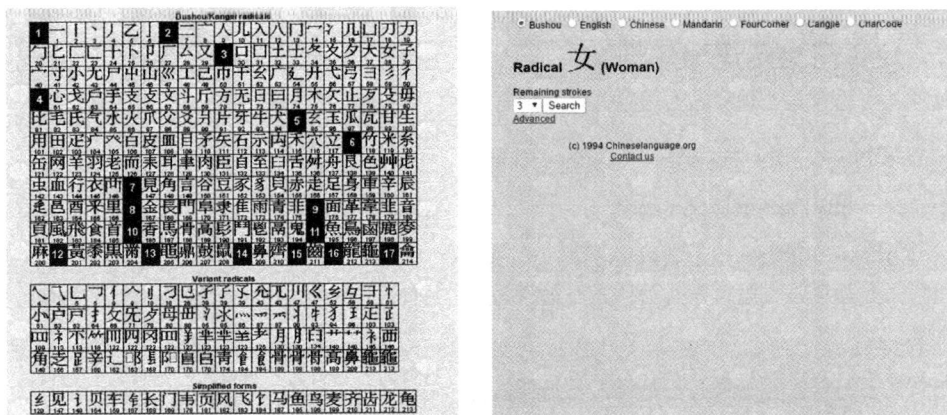

图 26-12　用 Languages of China 网站上的在线字典按部首查询"好"字

六、汉语词汇学习网站

用图像和发音来直观呈现词语，能够帮助学生更好地记忆汉语词语，Language Guide. org 就是这样一个将图画和发音结合起来的汉语词汇学习网站，它的网址是 http://www.languageguide.org/mandarin/vocabulary/。词汇教学可经常使用这个网站，它为包括数字、身体、服装、食物等多种类别的汉语词语提供了各种各样的图像，教师可以从中选择所需的图像用于教学。另外，该网站还提供所学类别词汇的听音练习和发音练习，学生可以现学现测，及时巩固所学内容。有了图像、发音和练习，学生甚至可以在家自学汉语。

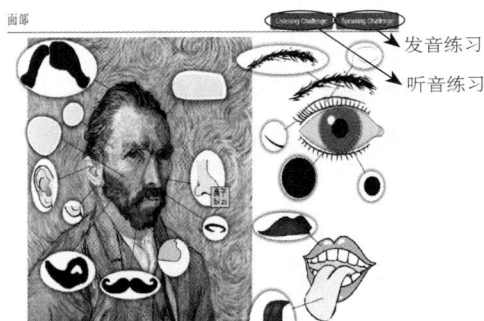

图 26-13　"面部"词汇学习界面

七、汉语日常用语学习网站

互联网上有许多网站可供在线学习汉语日常用语，在此推荐两个网站——Chinese Phrases for Travelers、ChinesePod。它们的网址分别是：http://chinese.travel-way.net/、http://chinesepod.com。

Chinese Phrases for Travelers网站上有大约120个关于日常生活的话题，如打招呼、自我介绍、告别、问路等等。用户可以借助汉语拼音学习与这些话题相关的日常用语，还可以听汉语发音。教师可以尝试将这个网站用于课堂教学。

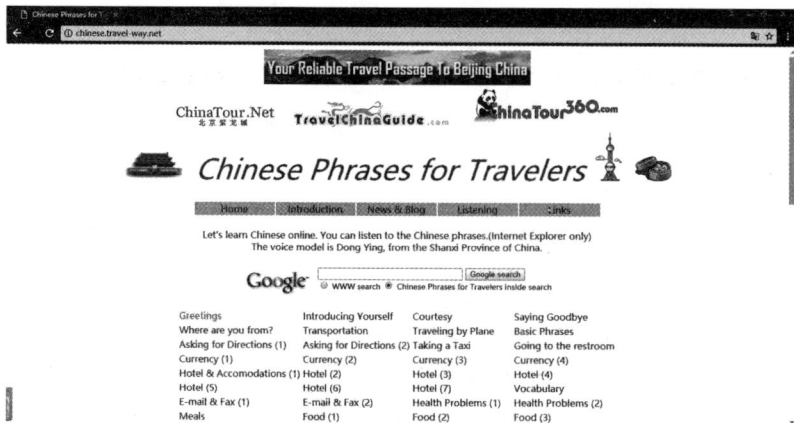

图 26-14 Chinese Phrases for Travelers 网站界面

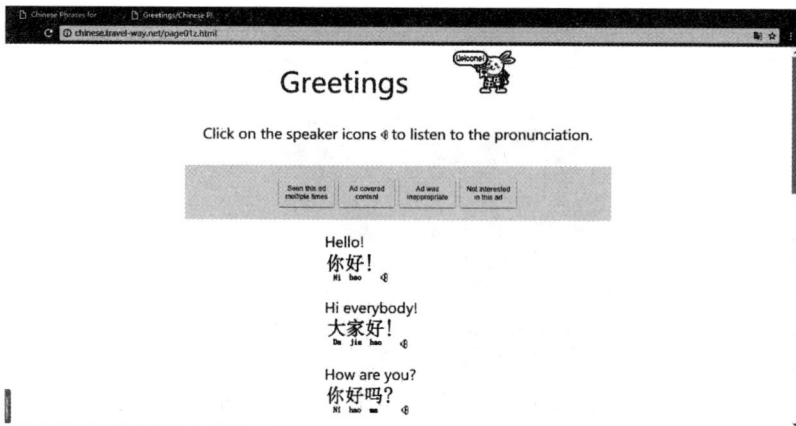

图 26-15 打招呼用语学习界面

再推荐一个很受国外汉语学习者喜爱的汉语日常用语网站——ChinesePod。该网站采用播客式的学习方式，在两位主播的对话中呈现和讲解汉语日常用语学习内容，对话生动活泼，内容贴近生活。每个课程包括对话、生词、扩展、语法、练习等多个模块。该网站在细节的处理上也非常用心，能给用户带来很好的使用体验。但是美中不足的是，虽然该网站提供一些免费课程，但是若想进一步学习，就得在线付费了。

图 26-16 ChinesePod 网站上在线课程的对话模块

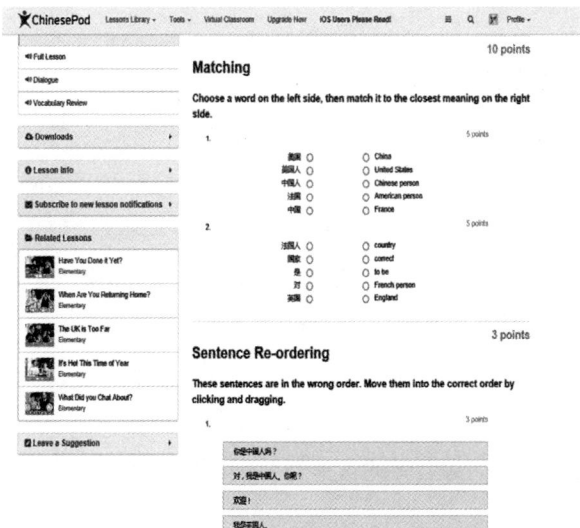

图 26-17 ChinesePod 网站上在线课程的练习模块

八、其他汉语学习网站

由于互联网上有各种各样的汉语学习网站，我不能在此一一列举说明，故在下面列出网址，供教师和学生参考：

① http://www.csulb.edu/~txie/ccol/content.htm

② http://www.chinese-outpost.com/language/

③ http://www.chinese-tools.com/learn/chinese

④ http://learnchinese.elanguageschool.net

⑤ http://www.clearchinese.com/learn-chinese/

⑥ http://www.effectivelanguage.com/mandarin.html

⑦ http://www.activechinese.com

⑧ http://parlezchinois.free.fr

⑨ http://www.echineselearning.com

⑩ https://www.learnwitholiver.com/chinese/

⑪ http://www.luomapinyin.com

⑫ http://www.bbc.co.uk/languages/chinese/

⑬ http://www.slanguage.com/fun_chinese_mand.html

九、手机汉语学习软件

如今，手机已成为几乎万能的小工具，它的应用软件几乎无所不能、无所不包，学习汉语的软件也不例外。这些软件能帮人们学习汉语吗？当然能。对于汉语教师来说，认识这些软件，并向学生介绍这些软件能给他们学习汉语带来什么帮助，还是十分有必要的。即使在课堂上不能带手机或使用手机，学生在课外也可以使用这些手机软件来学习汉语。这些软件好像把学生带进了一个巨大的课堂。有了它们，学生就像随身携带着一摞汉语参考书。当看到自己不会说的东西时，只要在手机上比画几下，在词典软件上一查，这个东西的汉语说法就出来了。总之，汉语学习软件能够给学生的汉语学习带来极大的便利和无限的可能性。下面推荐几款好用的汉语学习软件。

1．ChineseSkill

这款手机汉语学习软件是为汉语初学者设计的。汉语学习者通过形式多样的练习题来复习、巩固所学内容，练习形式包括看图选词、听音选词、汉英互译、词语排序等。练习题全部完成后，自动生成结果，包括成绩、时间、正确率等。做练习时，用户可以收藏、记录和报告问题，还能观看汉字的书写笔顺，查看字源、偏旁部首等辅助记忆的信息，还可以根据提示练习书写。该软件还有专门的声调练习、拼音练习、笔顺练习、口语练习模块，还提供词卡供用户复习词语、检验自己的学习成果。另外，通过专门的复习模块，用户还可以复习所学汉字、生词、句子和语法。总之，这款软件功能强大、内容丰富、界面美观，是一款非常不错的手机汉语学习软件。和ChineseSkill类似，Rosetta Stone也是一款非常好用的汉语学习软件，很受汉语学习者欢迎。

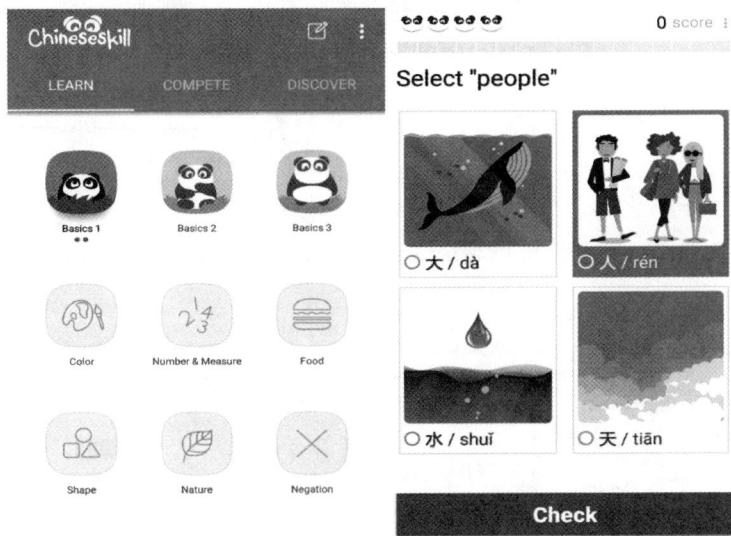

图 26-18　ChineseSkill 软件使用界面

2．Learn Chinese（Mandarin）by Brainscape

这款汉语学习软件内容丰富，包括五个部分：汉语词汇、汉语语法、汉字书写、商务汉语、生存汉语。软件用记忆卡的形式帮助用户学习所学内容，并应用认知科学的理论，科学地重现所学知识，使用户能够快速、高效地形成长时记忆。总体来说，用户对该软件的评价较高。

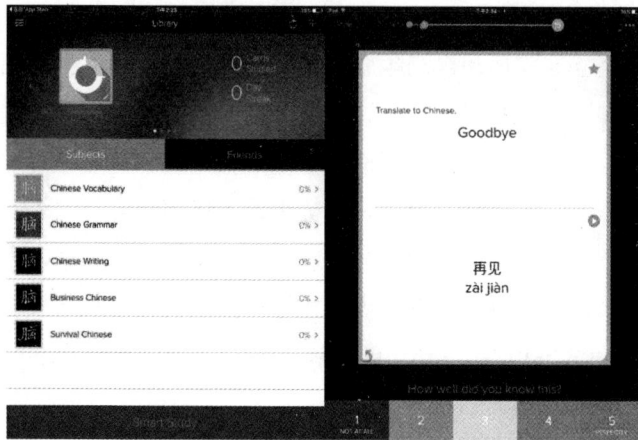

图 26-19　Brainscape 软件使用界面

3．Pleco Chinese Dictionary

Pleco 是一款功能比较强大的词典，在外国学生中非常流行。这个词典支持拼音查词、笔画部件查词、手写输入查词和拍照查词等功能。查询结果不仅包括所查词语的发音和释义，而且还提供组成该词的每个字的字义、动态笔顺演示、常见短语和例句等信息。

图 26-20　Pleco Chinese Dictionary 软件使用界面

4．uTalk Classic Learn Chinese（Mandarin）

这款手机软件对初学汉语的学生很有用。它精选出 275 个最常用的汉语词句，通过一系列循序渐进的游戏帮助用户进行学习。词句按不同的主题分类，如食品、颜色、短语、身体、数字、时间、购物和国家等等。游戏运用直观图像，帮助用户利用视觉刺激增强记忆。另外，该软件还有趣味小测验模块，还支持录音和回放，让用户通过将自己的发音与母语者的发音进行比较，使发音更加准确。下载使用该软件需要支付 50 美元。

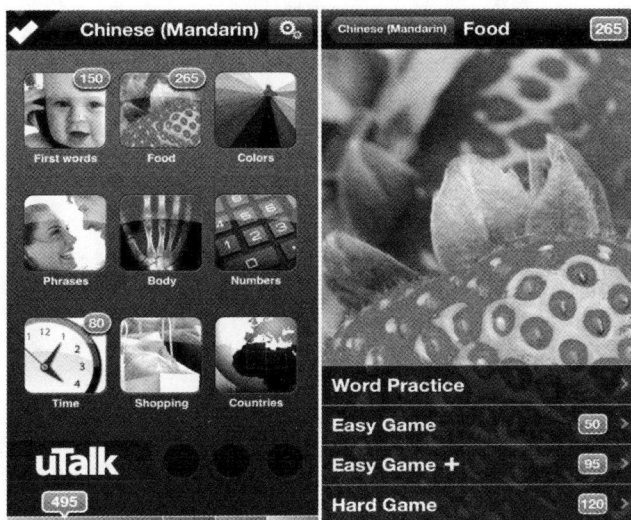

图 26-21　uTalk Classic Learn Chinese 软件使用界面

5．Learn Chinese-Mandarin Phrasebook

这款软件对于短期来中国旅游或出差的外国人来说比较有用。软件提供 1000 多条不同功能、场景下最常用的汉语词句，其中 200 多条是免费的，其余需要付费。用户可以点击该词句的英文翻译，听母语者朗读的汉语词句，如果觉得朗读语速过快，还可通过点击句子旁边的蜗牛图标慢速播放。另外，用户还可以收藏、查找相关词句。用该软件学习汉语，有助于提高汉语听说技能。还有一款叫"学普通话"的手机软件，功能和 Learn Chinese-Mandarin Phrasebook 差不多，而且可以通过观看广告，解锁需要收费的内容。美中不足的是，这个软件只能通过拼音或中文来查询词句，不支持英文查询。

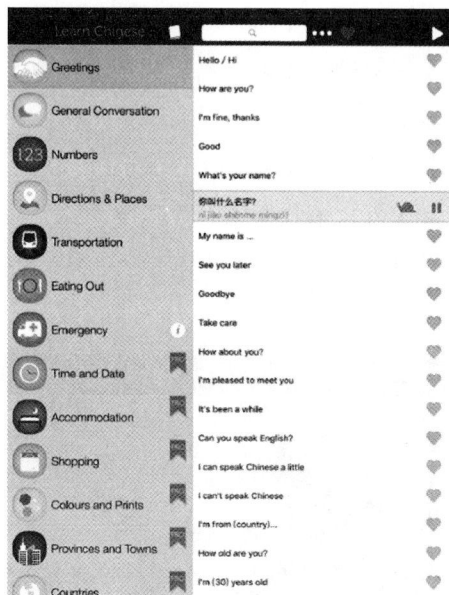

图 26-22　Learn Chinese Mandarin Phrases 软件使用界面

6．Art of Chinese Characters／汉字好好玩（2）

这是一款非常有趣的汉字学习软件，用户可以从图画中寻找蛛丝马迹，了解汉字字形的演变，在游戏中感受汉字之美，体会到汉字不仅仅是线条的交错，而且有着丰富的内在意蕴。在识字过后，用户还可以进一步学习汉字的书写笔顺和常用词语。这款软件还同时支持简体字和繁体字。

图 26-23　Art of Chinese Characters 软件使用界面

7．trainchinese Chinese Writer for Educator

这是一款快速写字游戏。用户可以根据自己的水平，设置简／繁体、HSK 汉字难度等级、书写时是否显示汉字，以及汉字掉落的速度等。游戏开始时，汉字从屏幕上方掉落，用户需要在汉字落地前点击并按正确的笔顺书写这个汉字。快速写对有奖励，出错了有惩罚。落地的汉字达到五个，游戏便结束。这款软件值得称道的地方是，游戏结束后，软件会自动筛选出用户出错率较高的汉字，在以后的游戏中增加其重现率。另外，用户还可以在游戏结束后利用该软件自行学习、巩固游戏中的汉字，包括汉字的字音、字义、笔顺等。下载使用该软件需要支付 68 美元。

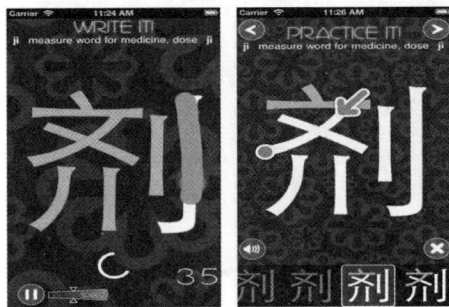

图 26-24　trainchinese Chinese Writer for Educater 软件使用界面

8．正音万里行

市面上专门训练汉语语音的手机软件并不多见，这个算是较好的一款。该软件按照汉语语音学习的合理顺序，循序渐进地帮助用户学习和操练汉语语音。利用录音、回放功能，用户可以对比标准发音和自己的发音，使自己的发音更加标准。另外，该软件在教语音时，不仅利用音频手段，还将汉语课堂上教师常用的手势法巧妙地加以应用，利用舌位图直观展示发音方法。

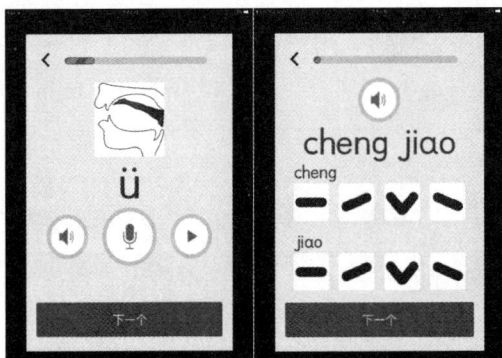

图 26-25　"正音万里行"软件使用界面

9．Pop On

这是一款全球即时响应的语言服务应用，基于社交式语言学习理念，为世界各地的用户根据需求寻找即时语伴，对于汉语学习者提高口语能力非常有帮助。除了寻找语伴以外，用户还可以通过该软件寻找到更加专业的语言教练，在教练的帮助下，学习免费或收费的汉语课程。该软件的课程内容包括日常必备、校园生活、休闲娱乐、商务汉语、中国行等。

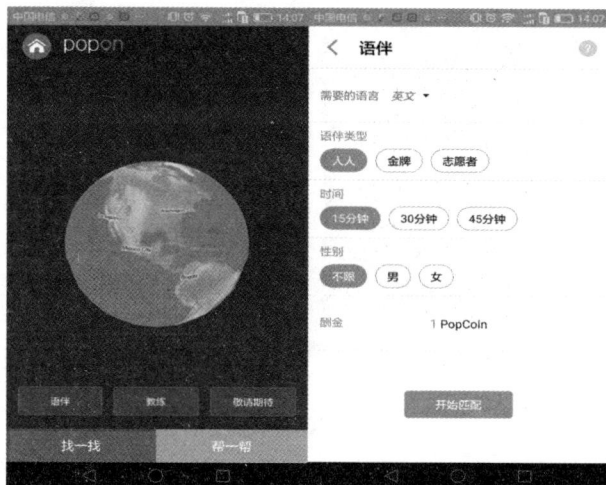

图 26-26　Pop On 软件使用界面

10．HSK Test

这是一款正规的 HSK 水平测试的手机软件。软件模拟真实的 HSK 考试情景，让用户在规定时间内完成一套 HSK 考试模拟题，帮助用户熟悉 HSK 的考试流程和题型。答完题后，通过答案解析，用户还可以详细地了解答题关键，快速掌握考点内容。另外，该软件的开发公司还开发了一款叫 HSK Online 的软件，包括"免费测试"、"模拟考试"、"专项练习"和"我的成绩"三个模块。用户通过"免费测试"模块可以检测自己的汉语水平和级别；通过"模拟考试"模块可以熟悉新 HSK 的题型、难易程度和考试流程；通过"专项练习"模块有针对性地训练自己的听力、阅读和写作技能；在"我的成绩"模块里，还可以查看自己的模拟考试成绩。HSK Test 和 HSK Online 两款软件侧重于模拟测试，还有一款叫"Hello HSK"的软件则侧重于训练用户的单项技能。每个单项技能按题型和题目内容类别分类，如果用户对某方面题型掌握得不好，便可以利用这款软件有针对性地进行训练。

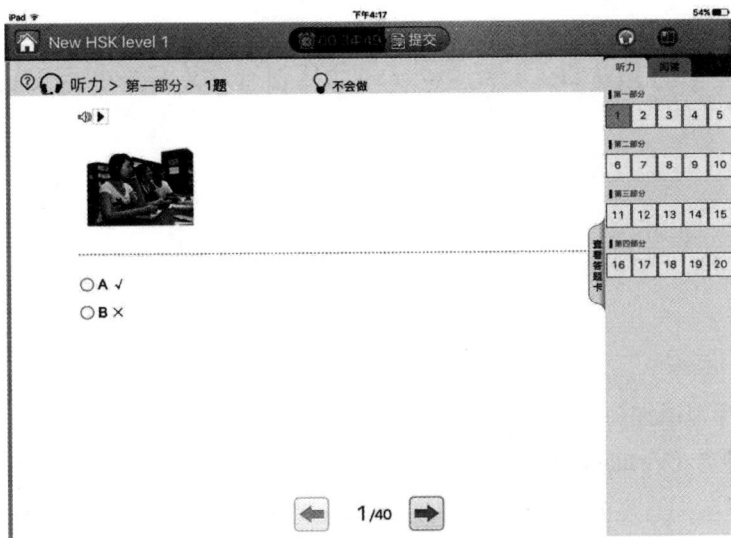

图 26-27　HSK Test 软件使用界面

　　除了上面的这些软件，还有不少其他手机汉语学习软件，有的是免费的，有的是付费的。这些都是很好的学习材料，既能丰富学生的汉语知识，又能给学生的汉语学习增添乐趣。

---

1. 为方便读者阅读，本章所有网址均附二维码，读者可通过扫描二维码链接到相关资源。

第二十七章
数字化虚拟课堂及新的教学模式

一、虚拟课堂

（一）虚拟课堂简介

虚拟课堂（Virtual Classroom）是美国公立学校的一个较新的教学尝试。它的兴起是因为近年来美国公立学校的教育经费越来越匮乏，开设新增课程变得越来越不可能，虚拟课堂是解决这个窘境的权宜之计。一个学区新聘的全职教师，必须要有一天六节课以上的工作量，包括每天五到六节课的课时，外加一两节课的杂务，如中午的食堂监督、放学以后的校车监督。一个学区刚开设汉语课，很有可能只有一个班或两个班的学生报名，那么汉语教师的工作量就很可能无法达到六节课以上的要求，这个学区就不具备聘用全职教师的条件。怎么办？虚拟课堂可以满足这一部分想学汉语的学生的学习需求。虚拟课堂也成为在这种情况下才兴起的一种教学形式。

什么是虚拟课堂呢？虚拟课堂就是远程教学或者网上课堂。和传统教学不同，远程教学是老师和学生们同时登录到虚拟的学习环境，通过远程教学软件，利用在线视频进行面对面的互动的教学形式。学生就像在真实的课堂里一样，能看到老师的讲解，能即时参与老师的授课，也可以和虚拟教室里的同学交流和互动。在虚拟课堂里，学生之间的交流可以突破真实课堂的场地大小、座位位置等的限制，交流范围反而比真实课堂更广。除了这种面对面的远程教学以外，虚拟课堂也可以是网上课堂。网上课堂在师生交流的交互性和即时性方面不及面对面远程教学，但却允许学生更加自由地安排学习时间，随时开展学习。目前，很多学校和单位都有了自己的虚拟课堂网站，为学生和员工提供所需的虚拟教育。

用于虚拟课堂的软件通常有很多即时性的功能，如视频会议、现场直播和网上传声等等，这些功能可以满足开展远程学习的学生合作学习、交流互动的需求。常用的即时传播工具有"留言板"（Message Board）、"线上论坛"（Online Forum）、"交谈"（Chat）、"讨论板"（Discussion Board）和"技术交谈"（Tech Talk）等。

（二）虚拟课堂的优缺点

虚拟课堂有下列优点：

1. 不限地域和场所：所有能上网的地方都能建立虚拟课堂，为世界上任何在线教课的老师和听课的学生建立可视联系。学生能参加即时的课程，与现场的老师和同学进行互动。在学校里，学生可以在自己的教室里建立虚拟课堂，听其他地方、其他学校的任何老师的课，为学校免去准备校车的麻烦，非常便捷。

2. 价格便宜、成本低：虚拟课堂的听课人数多，成本自然就会降低。传统课堂里，受到教室大小和教学效果的限制，一个老师不能教太多学生。而在虚拟课堂里，一个老师可以同时教授的学生人数可以无限制地增加。因此，虚拟课堂的成本自然比传统课堂要低得多。

3. 教学形式多样：虚拟课堂的课程可以采用多种形式的教学，甚至还可以用在线辅导的形式进行教学。很多老师喜欢用开会的形式来上课，也有老师用小组项目的形式，让世界各地的学生们组成小组，头脑风暴式地讨论学习内容，或者让学生用虚拟教室的软件，在网上合作完成老师布置的项目。

4. 支持重复学习：许多在线课程允许学生录像，这一点要比真实课堂好得多。在真实课堂里，学生如果在课上听不懂一个观点、一种解释或一道难题，他／她就只能找老师或同学询问。在虚拟课堂则不同，学生可以录下课程内容，下课以后重看几遍，直到弄懂为止。

然而，虚拟课堂也有一些缺点，例如：

1. 虚拟课堂会受到网络的限制，在网络出现问题的时候，授课效果就会受到很大影响，甚至课程都会无法进行。现代互联网技术还无法保证世界上任何地方的网络都能畅通无阻。

2. 虚拟课堂里，老师和学生的互动会受到一定的影响。由于师生不在同一个地方，老师的示范会受到较大的限制，尤其是手工课和技术培训课。有时由于学生过多，老师无法和所有学生进行充分的个别交流，有些学生的理解和掌握程度便得不到有效的保证。

3. 由于学生的数目庞大，老师没有足够的精力去批改所有学生的作业，考评环节的效果和质量便很难得到保证，而这一点却是传统课堂的绝对优势。

（三）虚拟汉语课程的设计

虚拟汉语课程的设计也应该遵循传统课堂课程设计的标准，包括教学内容、教学手段和教学测试的设计标准，但是具体的教学活动应该结合虚拟课堂的特点来设计。下面是我几年前为印第安纳州的一所学校设计的虚拟汉语课程的一些教学活动，在此供教师参考。

1．课程介绍

对本单元的教学目标、教学内容、语言点、活动、评估和测试方法、成绩标准和要求进行清晰的讲解。

2．唱数字歌

用影像资料和 PowerPoint 幻灯片在线教学生唱数字歌。学生将自己唱歌的录音放入 Portfolio 软件中用于评估的电子文档内。Porfolio 是一款存储和管理照片、音频、视频等资料的软件。

3．词语讲解

用 PowerPoint 幻灯片讲解词语，强调重难点，并通过例句举例说明，帮助学生加深对词语的理解。

4．词语领读和跟读

训练学生掌握正确的读音和声调。

5．词语给力练习

该练习是要求速度的词语识认练习，目标是学生在没有拼音的情况下能很快地识认所学词语。具体做法是将每页 PowerPoint 幻灯片的播放时间设置为一到两秒钟，要求学生快速给力翻译。翻译时有英译汉、汉译英两种形式。将学生翻译的录音放入 Portfolio 软件中用于评估的电子文档内。

6．看图说词语

该练习的具体做法是用 PowerPoint 幻灯片显示图片，每张幻灯片的播放时间为一到两秒钟，学生在规定时间内做出反应，说出图片对应的汉语词语。完成练习后，将学生的录音放入 Portfolio 软件中用于评估的电子文档内。

7．词语练习游戏

开展各种词语游戏，如宾果游戏、找字游戏、填字游戏等，进一步加强学生对词语的掌握，让学生在玩中加深对词语的理解和记忆。

8．汉字笔顺演示和练习

用 eStroke 等汉字学习软件做出笔顺动画并生成笔顺练习纸。学生打印出练习纸，练习书写汉字。学生将完成的笔顺练习纸扫描后放入 Portfolio 软件中用于评估的电子文档内。

9．语法练习

打印语法练习纸并让学生完成语法练习。完成后的练习纸扫描后放入 Portfolio 软件中用于评估的电子文档内。

10．课文朗读

训练学生朗读课文，注意语音语调的准确性。为了训练学生的朗读速度，可以进行计时朗读练习。将学生的朗读录音放入 Portfolio 软件中用于评估的电子文档内。

11．看图复述课文

这一练习需要在 PowerPoint 幻灯片上插入有关课文内容的图片。学生根据图片复述课文内容，完成后将录音放入 Portfolio 软件中用于评估的电子文档内。

12．口头给力翻译

在 PowerPoint 幻灯片上限时显示翻译题目，让学生进行口头翻译并录音。将学生的翻译录音放入 Portfolio 软件中用于评估的电子文档内。

13．书面给力翻译

学生打印出练习纸，将练习纸上的翻译题目限时手写翻译出来。学生将完成的翻译练习纸扫描后放入 Portfolio 软件中用于评估的电子文档内。

14．限时测试

学生完成课文的听说读写限时测试题，自动记分，分数存入 Portfolio 软件中用于评估的电子文档内。

15．最终考评

根据学生完成每个活动的录音和扫描文档，以及最后的限时测试分数，评估每个学生的最终成绩。

在设计课程的过程中要注意以下几点：

1. 课文和生词的难度要适当。

2. 生词的重现率要有科学性。

3. 课文要根据州或国家大纲的要求编写。

4. 练习要数字化、电子化，要有自动评估系统。

5. 听说读写诸方面均要顾及。

二、MOOC（慕课）课程

MOOC 为 Massive Open Online Course 的缩写，指大规模线上公开课，在国内被翻译为"慕课"。这种课程其实就是远程教育在互联网上的实践，从性质上来说，还是远程教育，只是教学内容的载体由传统的通信手段变成互联网罢了。从"Massive Open Online Course"这个名称，我们就可以看出其课程的意义所在。

"Massive"的意思是"大量、大规模"。虽然教师在准备这种课的时候需要花费比传统课堂多得多的时间和精力，但是这种课的受众面广，这些时间和精力分摊在这么多受众身上，就不会显得那么昂贵了。因此从某种意义上来说，MOOC 是一种成本较低的课。这种课程能为大量的学生提供学习机会，作为一种资源为大众所用。

"Open"的意思是"公开的"。MOOC 课程的开放是由其受众规模所决定的，既然这种课为大众所用，它就变成了一种社会资源，向公众开放。从这个意义上说，MOOC 是一种和世界连接的课程。一方面，学生可以学到很多在学校里根本不开设的课程，另一方面，学生可以和世界各地学习相同课程的人们互相交流信息、增进了解。MOOC 课程能将全世界的人们连接到一起。

"Online"的意思是"在线的"，是指这种课程的传播方式。"Course"指"课程"，它可以是各种各样的课，包括我们的汉语课。

大多数学习 MOOC 课程的并不是在学校念书的学生，而是没有机会上学的，或者已经从学校毕业、在学校里没有学过这些课的人。MOOC 课程为人们提供了继续学习和终身学习的机会，为人们丰富知识、发展才能提供了极大的帮助。

MOOC 课程并不适用于初等教学，即小学、中学，甚至在高中也没有被广泛地采用。其原因很简单，MOOC 课程基本上是学生独立学习的课程，大部分 K-12 的学生不具备独立学习的能力。此外，如果学生任意选学一门 MOOC 课程，而学校没有配备该课程的专业老师，那么就无法为学生答疑。因此 MOOC 课程在高中并不很受欢迎，没有多少学生选 MOOC 课，除非被父母逼着去学。不过，有时候有些高中想开一门学生想学的课，而校长又不想专门雇一个老师来教，那么该学校就有可能采用 MOOC 课。但是，在高中开设的 MOOC 课和一般的用录像的形式讲授的纯演讲的 MOOC 课相比，要求有更多的互动，而且对教学内容、教学手段和活动、教学效果的测试和评估都有十分严格的要求，以严格保证教学质量。

三、翻转授课模式

翻转授课模式 (Flipped Class Model) 是指学生在家里通过教学视频自学，老师在课堂上不教学，而是通过各种课堂活动以及师生、生生之间的互动，和学生一起解决自学时遇到的问题，从而使学生学到扎实的知识的新兴教学模式。从理论上来说，这一模式使老师成为了学生的辅导员、答疑者和评估者，把老师"教"的功能转化成和学生一起"学"以及帮助学生"学"的功能，这就实现了合作学习法、主动学习法以及项目教学法所倡导的学生的积极学习或者主动学习。翻转授课模式理论的提出时间不长。2000 年，美国的 Maureen J. Lage、Glenn J. Platt 和 Michael Treglia 在论文 "Inverting the Classroom: A Gateway to Creating an Inclusive Learning Environment" 中介绍了他们在美国迈阿密大学教授经济学入门时采用的反转式的教学模式，这种教学模式收到了很好的成效，但是他们并没有提出"翻转授课模式"或"翻转教学"的概念。(Lage, Platt & Treglia，2000) 同年，J. Wesley Baker 在第 11 届大学教学国际会议论文集中发表了论文 "The 'Classroom Flip': Using Web Course Management Tools to Become the Guide by the Side"。在这篇论文中出现了"课堂翻转"的术语。(Baker，2000) 到了 2007 年，美国科罗拉多州林地公园高中 (Woodland Park High School) 的两位化学老师 Jonathan Bergmann 和 Aaron Sams 在他们的化学课堂中采用"翻转授课模式"，他们发现这个教学模式效果很显著。现在很多人以为"翻转授课模式"是从林地公园高中起源的，其实他们仅仅是在美国中小学教育中应用和推广了这个教学模式。随着网络技术、音像技术和网络传播技术的发展，学生们越来越具备在家学习新知识的技术条件，翻转授课模式逐渐为美国教育界所认识。但是，这种授课模式也引起了很大的争论，在实际操作层面，并没有很多学校和老师真正实施这种授课模式，家长们也认为学校把教学的"球"踢到家里来了——如果孩子能在家里学习知识和技能，那还要老师干什么？有些家长甚至怀疑老师是不是偷懒。另一方面，他们还担心这样的授课模式会增加孩子的学习负担，担心自己的孩子能不能自学、会不会自学、有没有独立学习的能力。对于老师来说，实施这种授课模式也有些吃力不讨好。翻转授课的过程中，老师的最大挑战是制作视频。由于制作视频要比传统的备课多花很多时间，而且视频要通俗易懂且能引起学生的兴趣，这就需要老师花费很多时间和精力用于备课。另外，在上课之前老师还必须做好充分的准备，要确保每个学生都完整地看过视频，还要调查清楚他们在观看视频的过程中遇到了哪些困难，并让学生提出最有价值、最有意义的问题，带着这些问题来到课堂上和老师开展高水平的讨论。课堂讨论的内容应以视频内容为主，但不一定只局限于视频，各种教学录像、BBC 纪录片、微信公众号、flash 动画等多种学习资源均可用于学习和讨论。这些课前学习资源可以由学生自己查找，但这需要学生有较强的独立学习能力。对于老师来说，反转授课的最大优点在于老师无须站在讲台上讲那些很枯燥的教学内容，只要为学生准备好视频和课外学习资料并根据学生的学习反馈设计讨论内容即可。上课时，老师在教室里来回走动，检查学生的学习情况，回答他们的问题。学生不仅能得到老师的个别辅导，还能互相获取资源，互相交流。这样，课堂气氛更加活跃，学生学起来也更加轻松。

但是，需要指出的是，翻转授课模式并不适合语言教学，因为语言教学的最主要目标是培养交际能力，交际的各个环节都需要大量的有指导的练习。但是，翻转授课模式在汉语教学上也并非完全无用，老师可以给学生布置家庭作业，让学生看一些与第二天上课内容有关的视频，做一些适当的视听练习，这样在课堂上可以收到更好的教学效果。

参考文献

[1] Lage, M.J. & Platt, G.J. & Treglia, M. Inverting the Classroom: A Gateway to Creating an Inclusive Learning Environment. *Journal of Economic Education,* 2000.

[2] J. Wesley Baker. The "Classroom Flip"：Using Web Course Management Tools to Become the Guide by the Side, *Selected Papers from the 11th International Conference on College Teaching and Learning,* 2000.

[3] Bergmann, J. & Sams, A. Why Flipped Classrooms Are Here to Stay, *Teacher,* 2012.